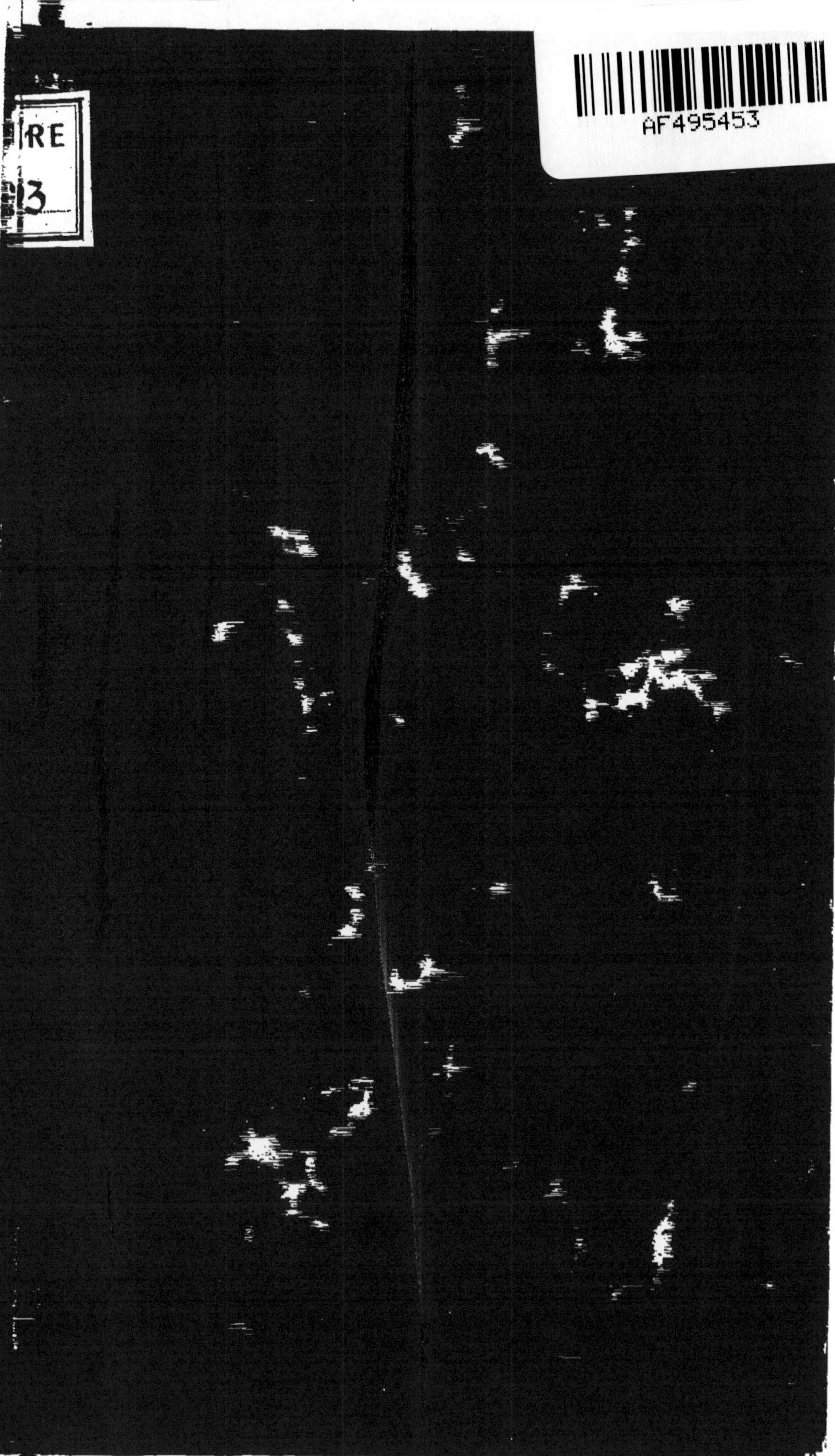

TRAITÉ

DES

PARTICIPES.

AUTRES OUVRAGES DU MÊME AUTEUR.

Grammaire des Enfants, abrégé de la Grammaire française élémentaire. Un vol. in-18. Prix : 75 centimes.

Les Premières Notions de la Grammaire Française, ou Exercices sur les Parties du Discours, ouvrage utile à tous les élèves qui commencent à écrire, et qui sont en état de copier. Seconde édition. 1 fr. 50 c., et 2 fr. franc de port.

Grammaire française élémentaire, ouvrage à la portée de toutes les personnes qui n'ont aucune notion des principes de cette langue. Neuvième édition. Prix : 1 fr. 50 c., et 2 fr. 10 c. franc de port.

Analyse grammaticale, suivie d'un abrégé d'Analyse logique. Même prix.

Traité de la conjugaison des verbes, ouvrage qui peut servir de supplément à la plupart des Grammaires élémentaires qui ont paru jusqu'à ce jour. Treizième édition. Prix : 1 fr. 25 c., et 1 fr. 50 c. franc de port.

Concordance des Temps des Verbes, et particulièrement des Temps du Subjonctif. Dixième édition. Même prix que la Conjugaison.

Traité de la Ponctuation, contenant plus de quatre cents exemples divisés en douze chapitres. Neuvième édition. Même prix.

Cacographie rangée dans un nouvel ordre, ou Exercices sur l'Orthographe, la Syntaxe, et la Ponctuation. Septième édit. Même prix.

Corrigé de la Cacographie. Même prix.

Vocabulaire des Homonymes français. Un vol. in-12 de 540 pag. Seconde édition. 2 fr. 50 c., et 3 fr. 25 c., franc de port.

Éléments d'Arithmétique, ouvrage divisé en six parties, dans l'ordre suivant : *Calcul des nombres entiers, Calcul des Fractions, Calcul des nombres complexes, Calcul des Fractions décimales, Proportions, Solutions de plusieurs problèmes.* Un vol. in-12. Seconde édition. Prix : 2 fr. 50 c., et 3 fr. franc de port.

IMPRIMERIE DE CASIMIR,
rue de la Vieille-Monnaie, 12.

TRAITÉ
DES
PARTICIPES,

OUVRAGE UTILE

A TOUTES LES PERSONNES QUI DÉSIRENT DE VAINCRE
L'UNE DES PLUS GRANDES DIFFICULTÉS
DE L'ORTHOGRAPHE FRANÇAISE;

PAR E.-A. LEQUIEN.

DIX-SEPTIÈME ÉDITION.

PRIX : 1 fr. 25 c.

A PARIS,
CHEZ Mme Ve LEQUIEN,
RUE DE L'HIRONDELLE, N° 22, QUARTIER ST.-ANDRÉ-DES-ARTS.

1837.

TRAITÉ
DES
PARTICIPES.

NOTIONS PRÉLIMINAIRES.

On appelle *participes* deux inflexions que les verbes reçoivent à l'infinitif : l'une est ce qu'on nomme *participe du présent*, et l'autre, *participe du passé*.

Le participe est ainsi nommé parcequ'il tient de la nature du verbe et de celle de l'adjectif : il tient de la nature du verbe en ce qu'il en a la signification et le régime, comme *en* FAISANT *son devoir*, *il a* FAIT *des fautes ;* il tient de la nature de l'adjectif, en ce qu'il peut qualifier une personne ou une chose, comme *un enfant* AIMÉ, *une fille* CHÉRIE : dans ce cas, on le nomme *adjectif verbal.*

Pour entendre facilement les règles des participes, il faut bien connaître les différentes sortes de verbes.

On distingue cinq sortes de verbes : le verbe *actif*, le verbe *passif*, le verbe *neutre*, le verbe *pronominal* et le verbe *impersonnel.*

On appelle verbe *actif* celui dont le régime est direct, ou celui après lequel on peut mettre *quelqu'un*, *quelque chose*. *Aimer* est un verbe actif, parcequ'on peut dire, *aimer quelqu'un*, *aimer quelque chose ;* comme *j'aime le travail*, *il aime l'étude. Recevoir* est un verbe actif, parcequ'on peut dire, *recevoir quelque chose;* comme, *j'ai reçu une lettre; nous avons reçu des nouvelles.*

On appelle verbe *passif* celui qui se forme de l'actif, en prenant son régime direct pour en faire le sujet du verbe passif, et en ajoutant après le verbe le mot *par* ou *de:* comme, *mon père est aimé de moi*, passif de *j'aime mon père; ils ont été nommés par le roi*, passif de *le roi les a nommés.*

On appelle verbe *neutre* celui qui n'est ni actif ni passif, et qui n'a point de régime direct, c'est-à-dire celui après lequel on ne peut pas mettre *quelqu'un, quelque chose. Dormir, languir, venir. arriver,* sont des verbes neutres, parcequ'on ne peut pas dire, *dormir quelqu'un, dormir quelque chose; languir quelqu'un, languir quelque chose;* ni *arriver quelqu'un, arriver quelque chose.*

On appelle verbe *pronominal* celui qui se conjugue dans tous ses temps avec deux pronoms de la même personne : comme, *je me promène, je m'applique, nous nous sauvons,* etc. (1).

On appelle verbe *impersonnel* celui qui ne s'emploie dans tous ses temps qu'à la troisième personne du singulier : comme, *il faut, il fallait, il a fallu; il pleut, il pleuvait, il a plu; il y a, il y avait, il y a eu,* etc. (2).

(1) On peut diviser les verbes pronominaux en verbes réfléchis, verbes réciproques, verbes pronominaux neutres, et verbes pronominaux passifs; mais cette division n'est pas très-essentielle pour les règles des participes : il suffit, comme on le verra, de distinguer les phrases où le verbe *être* peut se remplacer par le verbe *avoir.*

(2) Un verbe qui n'est point impersonnel est employé imper-

De plus, il faut connaître parfaitement ce que c'est qu'un *sujet*, un *régime direct*, et un *régime indirect* (1).

Le sujet répond à la question *qui est-ce qui?* le régime direct, à la question *qui?* pour les personnes, *quoi?* pour les choses; le régime indirect répond à la question *à qui? de qui?* pour les personnes, *à quoi? de quoi?* pour les choses.

EXEMPLE :

Sujet.	*Verbe.*	*Régime direct.*	*Régime indirect.*
Votre père	a vendu	sa maison	à mon frère.

Qui est-ce qui a vendu? — *Votre père* : voilà le sujet; c'est le mot qui désigne la personne ou la chose qui fait l'action exprimée par le verbe. — Votre père a vendu *qui?* ou *quoi?* — *Sa maison* : voilà le régime direct, c'est-à-dire l'objet auquel se rapporte directement l'action de vendre. — Votre père a vendu sa maison, *à qui?* — *A mon frère* : voilà le régime indirect, c'est-à-dire l'objet auquel se rapporte, mais indirectement, l'action de vendre. On appelle encore ce second régime : *terme* : en effet, il désigne l'objet auquel se termine l'action.

AUTRE EXEMPLE :

Sujet	*Verbe.*	*Régime direct.*	*Régime indirect.*
Ma mère	a reçu	des nouvelles	de ma sœur.

sonnellement toutes les fois qu'on ne peut pas remplacer le pronom *il* par un substantif : *il est arrêté que*, *il semble que*, *il paraît que*, *il suffit que*, *il s'agit de*, etc.

(1) On peut se servir indifféremment du mot *complément* ou du mot *régime*.

Qui est-ce qui a reçu ? — *Ma mère :* voilà le sujet. — Ma mère a reçu *qui ?* ou *quoi ?* — *Des nouvelles :* voilà le régime direct. — Ma mère a reçu des nouvelles, *de qui ?* — *de ma sœur :* voilà le régime indirect.

En d'autres termes, le *sujet* d'un verbe, c'est le mot qui désigne la personne ou la chose qui *aime*, qui *finit*, qui *reçoit*, qui *rend*, quand il est question des verbes *aimer*, *finir*, *recevoir*, *rendre ;* le *régime direct*, c'est la chose *aimée*, la chose *finie*, la chose *reçue*, la chose *rendue*, s'il est question des verbes *aimer*, *finir*, etc.; le *régime indirect*, c'est la personne de qui on *reçoit*, si c'est le verbe *recevoir*, à qui on *écrit*, si c'est le verbe *écrire*, à qui on *envoie*, si c'est le verbe *envoyer*, etc.

AUTRES EXEMPLES :

Sujets.	*Verbes.*	*Régimes directs.*	*Régimes indirects.*
J'	ai porté	une lettre	à ta sœur.
Tu	as donné	cette idée	à ton frère.
Il	a fait	cette question	à tout le monde.
Elle	a pris	connaissance	de cette affaire.
Nous	avons reçu	une réponse	du ministre.
Vous	auriez obtenu	cette grace	du roi.
Ils	ont parlé	. . . .	de vous.
Elles	ont perdu	leur bien.	. . . .

CHAPITRE I.

Du Participe présent.

Le participe présent est toujours terminé en ANT, comme *aim*ANT, *finiss*ANT, *recev*ANT, *rend*ANT. Ce mot est invariable, c'est-à-dire il ne prend ni genre ni nombre, quel que soit le nom auquel il se rapporte.

EXEMPLES :

On a trouvé cet homme *lisant*, *parlant*, *écrivant*.
On a trouvé cette femme *lisant*, *parlant*, *écrivant*.
On a trouvé ces hommes *lisant*, *parlant*, *écrivant*.
On a trouvé ces femmes *lisant*, *parlant*, *écrivant*.

Il ne faut pas confondre le participe présent employé comme verbe, avec le même mot employé comme adjectif. Le participe présent employé comme verbe a ordinairement un régime exprimé ou sous-entendu, et marque action de la part du sujet auquel il se rapporte; au lieu que l'adjectif verbal marque simplement l'état du sujet auquel il se rapporte.

Participe présent.

Règle. Le participe présent ne prend ni genre ni nombre, quel que soit le nom auquel il se rapporte.

EXEMPLES :

I.

Cet homme est d'un bon caractère, OBLIGEANT tout le monde quand il en trouve l'occasion; cette femme est d'un bon caractère, OBLIGEANT tout le monde quand elle le peut. — Ici, *obligeant* est invariable, parcequ'il marque action, et qu'il a un régime, qui est *tout le monde*.

II.

Cet homme et cette femme,

Adjectif verbal.

Règle. L'adjectif verbal prend toujours le genre et le nombre du nom auquel il se rapporte.

EXEMPLES :

I.

C'est un homme OBLIGEANT, c'est une femme OBLIGEANTE, ce sont des personnes OBLIGEANTES. — Ici, *obligeant* est variable, parceque c'est un adjectif qui marque seulement l'état, la qualité du sujet, et non l'action d'obliger.

II.

C'est un homme PRÉ-

PRÉVOYANT le danger qui les menaçait, se mirent sur leurs gardes. — Ici, *prévoyant* est invariable, parcequ'il marque l'action de prévoir, et qu'il a un régime, qui est *danger*.

VOYANT, c'est une femme PRÉVOYANTE, ce sont des hommes PRÉVOYANTS, ce sont des femmes PRÉVOYANTES. — Ici, *prévoyant* est variable, parceque c'est un adjectif qui marque simplement l'état du sujet, et non l'action de prévoir.

III.

Les enfants, PARLANT continuellement, ne peuvent guère faire autrement que de dire des sottises la plupart du temps. — Ici, *parlant* est invariable, parcequ'il est verbe : la phrase signifie : *Comme les enfants parlent continuellement*, etc.

III.

Un tableau PARLANT, des tableaux PARLANTS ; c'est une figure PARLANTE. — Ici, *parlant* est variable, parceque c'est un adjectif qui marque simplement l'état du sujet.

IV.

Cette femme, DORMANT d'un profond sommeil, n'a pu entendre ce que vous avez dit, ni voir ce que vous avez fait.

IV.

C'est une eau DORMANTE, ce sont des eaux DORMANTES ; un châssis DORMANT, des châssis DORMANTS.

V.

Vos parents, DEMEURANT à plusieurs lieues d'ici, ne peuvent pas venir vous voir aussi souvent qu'ils le voudraient bien.

V.

Monsieur Louis, DEMEURANT à Paris ; madame Louis, DEMEURANTE à Versailles ; les individus DEMEURANTS à la campagne.

VI.

Cette maison, APPARTENANT à M. votre père, c'est lui qui en doit payer les réparations.

VI.

Je suis chargé de vendre une maison APPARTENANTE à mon père.

Le participe présent d'un verbe actif, employé comme verbe, a toujours un régime direct exprimé ou sous-entendu ; au lieu que l'adjectif verbal formé du participe présent d'un verbe actif n'a jamais de régime direct.

Le participe présent d'un verbe neutre, employé comme verbe, n'a jamais de régime direct (un verbe neutre n'ayant jamais de régime direct); mais si un participe présent n'a point de régime direct, on reconnaît qu'il est verbe quand on peut le tourner par quelqu'une des conjonctions *comme*, *parceque*, *si*, *car*, etc., et un temps quelconque du même verbe que le participe : au lieu que l'adjectif verbal formé du participe présent d'un verbe actif ou d'un verbe neutre peut toujours se construire avec le relatif *qui* et le verbe *être*, sans changer le sens de la phrase.

EXEMPLES :

Participe présent.	*Adjectif verbal.*
Votre sœur, ne DORMANT presque pas depuis quelque temps, doit être bien fatiguée.	On appelle mare, un amas d'eau DORMANTE.
Ici, *dormant* est verbe, parcequ'on peut dire, *Comme* votre sœur ne *dort* presque pas depuis quelque temps, elle doit être bien fatiguée; ou bien, Votre sœur doit être bien fatiguée, *parceque*, depuis quelque temps, elle ne *dort* presque point, *car* elle ne *dort* presque point.	Ici, *dormante* est adjectif, parcequ'on peut dire, sans changer le sens de la phrase, On appelle mare un amas d'eau *qui est dormante*.
La pièce qu'on a représentée ce soir, INTÉRESSANT beaucoup par le fond du sujet, j'ai voulu la voir jusqu'à la fin.	On a représenté ce soir une pièce fort INTÉRESSANTE, que j'ai voulu voir jusqu'à la fin.
Ici, *intéressant* est verbe,	Ici, *intéressante* est adjectif,

parcequ'on peut dire, J'ai voulu voir jusqu'à la fin la pièce qu'on a représentée ce soir, *parcequ'*elle *intéresse* beaucoup par le fond du sujet.

parcequ'on peut dire sans changer le sens de la phrase, On a représenté ce soir une pièce *qui est fort intéressante.*

Ce que quelques grammairiens appellent *gérondif* n'est autre chose que le participe présent précédé de la préposition EN : comme, *les jeunes gens se forment l'esprit* EN LISANT *de bons livres ; elle rit toujours* EN PARLANT ; *elles sont tombées* EN COURANT.

Lorsque le participe présent est précédé de la préposition EN, exprimée ou sous-entendue, il est toujours verbe, et par conséquent toujours invariable.

EXEMPLES

Dans lesquels les mots imprimés en grandes capitales sont des verbes :

I.

Si l'on pouvait avoir un peu de patience, on s'épargnerait bien des chagrins : le temps en ôte autant qu'il en donne. Vous savez que nous le trouvons un vrai brouillon, METTANT, REMETTANT, RANGEANT, DÉRANGEANT, IMPRIMANT, EFFAÇANT, APPROCHANT, ÉLOIGNANT, et RENDANT toutes choses bonnes ou mauvaises, et quasi toujours méconnaissables.

II.

Il était doux, tranquille, patient, toujours prêt à écouter les autres et à profiter de leurs conseils ; mais actif, *prévoyant*, attentif aux besoins les plus éloignés, ARRANGEANT toutes choses à propos, ne s'EMBARRASSANT de rien, et n'EMBARRAS-

SANT point les autres ; EXCUSANT les fautes, RÉPARANT les mécomptes, PRÉVENANT les difficultés, ne DEMANDANT jamais rien de trop à personne, INSPIRANT partout la liberté et la confiance.

III.

Comparons les deux tribunaux dont vous venez de parler : je vois dans celui de l'aréopage des juges intègres, vertueux, discrets, GÉMISSANT de trouver un coupable, et ne le CONDAMNANT qu'après l'avoir convaincu ; je vois dans l'autre, des écrivains passionnés, forcenés, quelquefois subornés, CHERCHANT partout des victimes pour les immoler à la malignité du public, SUPPOSANT des crimes, EXAGÉRANT les vices, et FAISANT le plus cruel outrage à la vertu, en VOMISSANT les mêmes injures contre le scélérat et contre l'homme de bien.

IV.

De tous côtés on voyait des chœurs de jeunes garçons revêtus d'une simple tunique, les uns JOUANT de la lyre, ou CÉLÉBRANT Hyacinthe par de vieux cantiques accompagnés de la flûte ; d'autres EXÉCUTANT des danses ; d'autres à cheval FAISANT briller leur adresse dans le lieu destiné aux spectacles.

V.

Quelquefois les initiés interrompent leur sommeil pour continuer leurs exercices : nous les vîmes pendant la nuit sortir de l'enceinte, MARCHANT deux à deux en silence, et TENANT chacun une torche allumée.

VI.

Ici la terre, COMBLANT les vœux du laboureur, rend le centuple des grains qu'on lui confie.

VII.

Près de ces bords ombragés par de superbes peupliers, nous trouvâmes les filles des contrées voisines DANSANT autour d'un laurier auquel on venait de suspendre des guirlandes de fleurs.

VIII.

Plusieurs ne purent soutenir cette épreuve; et, ROUGISSANT de leur état, sans avoir la force d'en sortir, ils abandonnèrent Socrate, qui ne s'empressa pas de les rappeler.

IX.

En vain ils représentèrent que, CONSOMMANT les denrées du royaume, PAYANT les impositions, ENCOURAGEANT l'agriculture, l'industrie, la navigation, ils devaient être regardés comme citoyens.

X.

Sa sœur, plus imprudente, et si capricieuse,
RIANT, PLEURANT, JASANT, se TAISANT tour-à-tour,
Enfin CHANGEANT d'humeur mille fois en un jour.

DESTOUCHES.

XI.

L'autre esquive le coup; et l'assiette VOLANT
S'en va frapper le mur, et revient en ROULANT.

BOILEAU.

XII.

Heureux si sa bonté, PRÉVENANT leur audace,
Forçait ces malheureux à lui demander grace.

Henriade.

EXEMPLES

Dans lesquels les mots imprimés en grandes capitales sont des adjectifs verbaux :

I.

L'émotion de Cyrus redouble, et Panthée fait entendre des cris DÉCHIRANTS.

II.

Dans la suite, des oracles imposteurs, des prodiges EFFRAYANTS, ébranlèrent sa constance.

III.

Partout s'offraient à nous des exemples FRAPPANTS de faste et de vanité.

IV.

Nous fûmes témoins d'une scène plus TOUCHANTE encore.

V.

Le toit est soutenu, non par des colonnes, mais par de grandes statues qui représentent des Perses en robes TRAINANTES.

VI.

Ils étaient libres, ils avaient des lois sages, des

mœurs simples, des rois qui les aimaient, et des fêtes RIANTES qui les délassaient de leurs travaux.

VII.

Lycurgue avait trop de lumières pour abandonner l'administration des affaires générales aux caprices de la multitude, ou pour la laisser entre les mains des deux maisons RÉGNANTES.

VIII.

Le Sélinus, petite rivière ABONDANTE en poissons, promène avec lenteur ses eaux limpides au pied d'une riche colline.

IX.

On trouve en différents endroits de semblables paradis APPARTENANTS (1) aux satrapes ou à de grands seigneurs.

X.

Dès que le signal est donné, ces jeunes émules s'élancent dans la carrière, presque demi-nues et les cheveux FLOTTANTS sur leurs épaules.

---

(1) Beaucoup de personnes écriraient *appartenant* au lieu de *appartenants* : les uns voient un verbe où d'autres ne voient qu'un adjectif. On trouve dans les éditions de l'Imprimerie royale : *Les écoles* APPARTENANT *à chaque académie seront placées dans l'ordre suivant.* — *L'acquisition faite par... d'une maison* APPARTENANT *à... est approuvée.*

Mais on trouve dans le Dictionnaire de l'Académie, APPARTENANT, ANTE, adjectif. *Les biens* APPARTENANTS *à un tel. Une maison à lui* APPARTENANTE.

XI.

Nous vîmes les femmes d'Argos s'assembler pendant plusieurs jours dans une espèce de chapelle ATTENANTE au temple de Jupiter Sauveur, pour y pleurer Adonis.

XII.

On nous montra une racine dont l'odeur, APPROCHANTE de celle du thym, est, dit-on, meurtrière pour les serpents, et qui, prise dans du vin, guérit de leurs morsures.

XIII.

Les Lucaniens viennent avec des chariots armés de faux TRANCHANTES.

XIV.

Ferons-nous moins que tous ces étrangers ERRANTS comme nous? La fortune ne nous est pas plus rigoureuse.

XV.

Enfin ils arrivèrent dans un endroit de l'île où le rivage de la mer était escarpé : c'était un rocher toujours battu par l'onde ÉCUMANTE.

XVI.

Là, Dieu même a fondé son église NAISSANTE,
Tantôt persécutée, et tantôt TRIOMPHANTE.

Henriade.

XVII.

Ainsi parlait ce monstre, et la voûte TREMBLANTE
Répétait les accents de sa voix EFFRAYANTE.

Henriade.

XVIII.

Là, sur une charrette, une poutre BRANLANTE
Vient *menaçant* de loin la foule qu'elle augmente.

BOILEAU.

XIX.

Ce formidable amas d'armes ÉTINCELANTES,
Cet or, ce fer BRILLANT, ces lances ÉCLATANTES,
Ces casques, ces harnais, ce pompeux appareil,
Défiaient dans les champs les rayons du soleil.

Henriade.

XX.

Au pied du mont Adule, entre mille roseaux,
Le Rhin tranquille, et fier du progrès de ses eaux,
Appuyé d'une main sur son urne PENCHANTE,
Dormait au bruit flatteur de son onde NAISSANTE.

BOILEAU.

REMARQUE.

Les poètes se sont quelquefois écartés de la règle que nous venons d'indiquer; ils ont donné au participe verbe la forme du participe adjectif. On lit dans Boileau :

Et plus loin des laquais l'un l'autre S'AGAÇANTS
Font aboyer les chiens et jurer les passants.

Cent mille faux zélés, le fer en main COURANTS,
Allèrent attaquer leurs amis, leurs parents.

J'aime mieux mettre encor cent arpents au niveau,
Que d'aller follement, égaré dans les nues,
Me lasser à chercher des visions cornues,
Et, pour lier des mots si mal s'entr'ACCORDANTS,
Prendre dans ce jardin la lune avec les dents.

On ne reconnaît plus qu'usurpateurs iniques,
Que tyranniques rois censés grands politiques,
Qu'infames scélérats à la gloire ASPIRANTS,
Et voleurs revêtus du nom de conquérants.

Agaçants, *courants*, *accordants*, *aspirants*, ne sont au pluriel que pour la rime; c'est une licence poétique. L'auteur n'aurait pas écrit, au féminin, *s'agaçantes*, *courantes*, *s'entr'accordantes*, *aspirantes*.

On lit dans Racine :

Ses ennemis, offensés de sa gloire,
Vaincus cent fois, et cent fois suppliants,
En leur fureur de nouveau s'OUBLIANTS,
Ont osé dans ses bras irriter la victoire.

Oubliants n'est au pluriel que pour la rime.

On lit dans La Fontaine :

Un appui de roseau soutenait leurs vieux ans :
Moitié secours des dieux, moitié peur, se HÂTANTS,
Sur un mont assez proche enfin ils arrivèrent.

Ces deux rivaux un jour ensemble se JOUANTS
Comme il arrive aux jeunes gens,
Le jeu devint une querelle.

Plusieurs se sont trouvés qui d'écharpe CHANGEANTS,
Aux dangers, ainsi qu'elle, ont souvent fait la figue.

Hâtants, *jouants*, *changeants*, ne sont encore au pluriel que pour la rime.

On lit dans quelques éditions du Télémaque :

Tout-à-coup elle aperçut les débris d'un navire qui venait de faire naufrage, des bancs de rameurs mis en pièces, des rames écartées çà et là sur le sable, *un gouvernail*, *un mât*, *des cordages* **FLOTTANTS** *sur la côte.*

Dans d'autres éditions on lit *flottant* au lieu de *flottants.*

M. C.-C. Letellier, dans son *Traité des Participes*, édition de 1824, rapporte ainsi cette phrase :

La déesse aperçut des cordages **FLOTTANT** *sur la côte.* Et il ajoute :

« **FLOTTANT** est un participe présent à cause du « complément *sur la côte.* »

M. Bescher, dans son ouvrage intitulé, *Théorie nouvelle et raisonnée du participe français*, rapporte ainsi la même phrase :

Un gouvernail, *un mât*, *des cordages* **FLOTTANT** *sur la côte* Et il ajoute :

« On prétend que le manuscrit de l'auteur, écrit « en entier de sa main, porte *flottants.* En effet, « c'est l'adjectif qu'il fallait employer. »

Oui, Fénelon a écrit de sa main, *flottants* au pluriel ; et M. Bescher aurait pu s'en convaincre, et l'écrire comme l'auteur.

Mais, que Fénelon ait écrit *flottant* ou *flottants* dans l'exemple en question, peu importe ; il ne peut pas nous servir de guide pour l'orthographe du participe en *ant :* car il a presque toujours terminé ce mot par S, qu'il soit verbe ou adjectif, même dans les phrases où il n'y a que des noms féminins. On lit, dans le manuscrit écrit de sa main :

*Mes mains s'*EFFORÇANTS... *Des bergères* PORTANTS... *Dont les petites ailes s'*AGITANTS...

Le manuscrit de Fénelon ne peut pas plus nous servir de guide pour l'orthographe du participe présent que pour l'orthographe des autres mots. On lit dans son manuscrit, *parfun* au lieu de *parfum*, *masson* au lieu de *maçon*, *guay* au lieu de *gai*, *gaigner* au lieu de *gagner*, etc.

Bien souvent on met sur le compte des auteurs ce qui est du fait de l'éditeur, de l'imprimeur, ou du correcteur d'épreuves. Voici une phrase de Voltaire, dans son *Discours sur la poésie épique :*

Qu'Homère nous représente ses *dieux* s'ENIVRANT de nectar et RIANT sans fin de la mauvaise grace dont Vulcain leur sert à boire ; cela était bon de son temps, où les dieux étaient ce que les fées sont dans le nôtre : mais assurément personne ne s'avisera aujourd'hui de représenter, dans un poème, une troupe d'*anges* et de *saints* BUVANT et RIANT *à table.*

J'ignore comment cette phrase est sortie de la plume de Voltaire ; je la donne comme je crois qu'on doit l'écrire, et comme on la trouve dans la plupart des éditions des œuvres de Voltaire : mais l'édition stéréotype de MM. Didot porte, dans le dernier membre de cette phrase, **BUVANTS** *et* **RIANTS** *à table.*

Quelque soit l'auteur de l'orthographe de ces deux mots, *buvants*, *riants*, fût-ce Voltaire lui-même, tout ce qu'on peut dire, c'est que ce sont deux fautes.

Dans cette phrase, *buvant* et *riant* n'expriment point l'état habituel des sujets *anges* et *saints*; *buvant* et *riant à table* n'expriment qu'une action passagère, accidentelle.

Quand La Fontaine dit,

> Soyons bien BUVANTS, bien MANGEANTS.
>
> (*Livre VI, fable* 19.)

il veut que ce soit notre état habituel; il veut que nous soyons comme cela aujourd'hui, demain, après-demain, etc.

Mais *buvant* et *riant*, dans la phrase de Voltaire, n'ont pas le même sens.

CHAPITRE II.

Du Participe passé.

Le participe passé n'a pas, comme le participe présent, une terminaison unique; c'est cette partie de l'infinitif qu'on ajoute au verbe *avoir* ou au verbe *être* pour former les temps composés des autres verbes: comme, j'*ai* AIMÉ, j'*ai* FINI, j'*ai* REÇU, j'*ai* RENDU, j'*ai* FAIT, j'*ai* PROMIS, je *suis* VENU, il *est* SORTI. Ces mots, *aimé*, *fini*, *reçu*, *rendu*, *fait*, *promis*, *venu*, *sorti*, sont les participes passés des verbes *aimer*, *finir*, *recevoir*, *rendre*, *faire*, *promettre*, *venir*, *sortir*.

Accord du Participe passé.

L'accord du participe passé dépend de la manière dont il se présente dans la phrase.

1° Le participe peut se trouver seul, sans auxiliaire; comme, *un pays* CONQUIS, *une armée* VAINCUE : alors c'est un adjectif verbal.

2° Le participe peut se trouver accompagné du verbe *être* : comme, *je suis* AIMÉ, *tu es* CONSOLÉ, *il est* PARTI, *il était* ARRIVÉ.

3° Le participe peut se trouver accompagné du verbe *avoir* : comme, *j'ai* CHANTÉ, *tu as* PARLÉ, *il a* LU, *nous avons* COMMENCÉ.

4° Le participe peut se trouver accompagné du verbe *être* employé pour le verbe *avoir* ; comme, *je me suis* BLESSÉ, ce qui signifie, *j'ai blessé moi; tu t'es* TRAHI, ce qui signifie, *tu as trahi toi.*

ARTICLE I.

Participe passé considéré comme adjectif verbal.

RÈGLE. Un participe qui n'est accompagné ni du verbe *être* ni du verbe *avoir*, est un adjectif verbal qui s'accorde en genre et en nombre avec le substantif auquel il est joint.

EXEMPLES :

I.

Un *prince* d'une naissance incertaine, *nourri* par une *femme prostituée*, *élevé* par des bergers, et depuis *devenu* chef de brigands, jeta les premiers fondements de la capitale du monde. Il la consacra au dieu de la guerre, dont il voulait qu'on *le* crût *sorti*, et il y admit pour habitants des *gens* de toutes conditions et *venus* de différents endroits, Grecs, Latins, Albains, et Toscans, la plupart pâtres et bandits, mais tous d'une *valeur déterminée*.

Dans cette phrase, les participes *nourri*, *prostituée*, *élevé*, *devenu*, *sorti*, *venus*, *déterminée*, n'étant accompagnés ni de l'auxiliaire *être* ni de l'auxiliaire *avoir*, sont des adjectifs verbaux qui s'accordent,

1° *Nourri*, *élevé*, *devenu*, *sorti*, avec *prince*;
2° *Prostituée*, avec *femme*;
3° *Venus*, avec *gens*;
4° *Déterminée*, avec *valeur*.

II.

Et de là quel déluge de maux dans le peuple! les *places occupées* par des *hommes corrompus*; les *passions*, toujours *punies* par le mépris, *devenues* la voie des honneurs et de la gloire; l'*autorité*, *établie* pour maintenir l'ordre et la pudeur des lois, *méritée* par les excès qui les violent; les *mœurs corrompues* dans leur source; les *astres*, qui devaient marquer nos routes, *changés* en des feux errants qui nous égarent; les *bienséances* même publiques, dont le vice est toujours jaloux, *renvoyées* comme des *usages surannés* à l'antique gravité de nos pères; le *désordre débarrassé* de la gêne même des ménagements; la *modération* dans le vice *devenue* presque aussi ridicule que la vertu.

Dans cette phrase, les participes *occupées*, *corrom-*

pus, *punies*, *devenues*, *établie*, *méritée*, *corrompues*, *changés*, *renvoyées*, *surannés*, *débarrassé*, *devenue*, ne sont accompagnés ni de l'auxiliaire *être* ni de l'auxiliaire *avoir*; ils n'ont ni sujet ni régime direct; ce sont des adjectifs verbaux qui s'accordent en genre et en nombre avec les substantifs auxquels ils sont joints.

1° *Occupées* s'accorde avec *places*;
2° *Corrompus* s'accorde avec *hommes*;
3° *Punies* et *devenues* s'accordent avec *passions*;
4° *Établie* et *méritée* s'accordent avec *autorité*;
5° *Corrompues* s'accorde avec *mœurs*;
6° *Changés* s'accorde avec *astres*;
7° *Renvoyées* s'accorde avec *bienséances*;
8° *Surannés* s'accorde avec *usages*;
9° *Débarrassé* s'accorde avec *désordre*;
10° *Devenue* s'accorde avec *modération*.

Nota. Comme les phrases de ce genre ne présentent aucune difficulté, je me contenterai d'en rapporter ici quelques unes pour exercer les jeunes élèves, en indiquant seulement par un caractère italique les substantifs et les adjectifs verbaux qui s'accordent les uns avec les autres.

III.

Il voit d'un œil triste la *terre dévastée*, les *arts ensevelis*, les *nations dispersées*, les *peuples affaiblis*, son propre *bonheur ruiné*, et sa *puissance* réelle *anéantie*.

IV.

Ah! mes frères, que de biens, encore une fois, vos seuls exemples peuvent faire parmi les peuples!

les *plaisirs* publics *décriés* dès que vous ne les autorisez plus par votre présence ; les *modes* indécentes *proscrites* dès que vous les négligez ; les *usages* dangereux *surannés* dès que vous les abandonnez ; la *source* de presque tous les désordres *tarie* dès que vous vivez selon Dieu : et de là que d'*ames préservées !* que de *malheurs prévenus !* que de *crimes arrêtés !* que de *maux empêchés !* Quel gain pour la religion, qu'une seule *personne élevée* qui vit selon la foi !

V.

Et ici, mes frères, comprenez, si vous pouvez, les fruits immenses de votre vertu et les avantages inexplicables qu'en retire l'Église. Que de *scandales évités !* que de *crimes prévenus !* que de *maux* publics *arrêtés !* que de *faibles conservés !* que de *pécheurs rappelés !* que d'*ames retirées* du précipice !

VI.

Les *provinces conquises*, les *batailles gagnées*, les *négociations* difficiles *terminées*, le *trône chancelant affermi :* voilà ce que publient les titres et les inscriptions, et à quoi le monde consacre des éloges et des monumens publics pour en immortaliser la mémoire.

VII.

Seigneur, la grandeur et la rapidité de tes conquêtes iront étonner les *siècles* les plus *reculés*. On vantera des *armées vaincues*, des *cités détruites*, tant d'*obstacles surmontés*, tant de *routes* inconnues *ouvertes* à ta valeur, les *provinces* les plus lointaines *abattues*, *consternées*, au seul bruit de ta marche.

VIII.

Le lendemain on voit arriver ce *corps revêtu* de la pourpre royale, et *porté* par les principaux des Sabins. Mille jeunes *guerriers* le précèdent ; ils s'avancent les *armes renversées*, la tête basse, MARCHANT *d'un pas lent*, au son lugubre d'une trompette aiguë. L'inconsolable *Tatia*, *enveloppée* de voiles funèbres et *couronnée* de cyprès, jette sur le cercueil des *fleurs trempées* de ses larmes. *Numa*, *vêtu* de deuil comme elle, soutient ses *pas chancelants*, la console EN PLEURANT lui-même, et veille sur son désespoir.

REMARQUES. 1° *Marchant*, participe présent du verbe neutre *marcher*, invariable dans cette phrase, quoiqu'il se rapporte à *guerriers*, parcequ'il est verbe, et qu'il peut être regardé comme précédé de la préposition *en*, sous-entendue.

2° *Chancelants*, adjectif verbal qui s'accorde en genre et en nombre avec le substantif masculin pluriel *pas*.

3° *Pleurant*, participe présent du verbe *pleurer*, est précédé de la préposition *en*; et, dans ce cas, le participe présent est toujours invariable, quel que soit le nom auquel il se rapporte.

IX.

En examinant avec plus d'attention, nous voyons des *montagnes affaissées*, des *rochers fendus* et *brisés*, des *contrées englouties*, des îles nouvelles, des *terrains submergés*, des *cavernes comblées*; nous trouvons des *matières pesantes* souvent *posées* sur des matières légères, des *corps* durs *environnés* de substances molles, des *choses* sèches, humides, chaudes, froides, solides, friables, toutes *mêlées* et dans une espèce de confusion qui ne nous présente d'autre image que celle d'un amas de débris et d'un monde en ruine.

X.

Trouvez, si vous le pouvez, la même sûreté dans les *vertus* humaines. *Nées* le plus souvent dans l'orgueil et dans l'amour de la gloire, *elles* y trouvent un moment après leur tombeau; *formées* par les regards publics, *elles* vont s'éteindre le lendemain, comme ces feux passagers, dans le secret et dans les ténèbres; *appuyées* sur les circonstances, sur les occasions, sur les jugements des hommes, *elles* tombent sans cesse avec ces appuis fragiles.

Dans cette phrase, les trois participes, *nées*, *formées*, *appuyées*, n'ont ni sujet ni régime direct : ils s'accordent en genre et en nombre avec le pronom féminin pluriel *elles*, qui vient après chaque participe, lequel pronom *elles* se rapporte au substantif féminin pluriel *vertus*.

XI.

Qu'elle est belle cette *nature cultivée!* que, par les soins de l'homme, *elle* est brillante et pompeusement *parée!* Il en fait lui-même le principal ornement; il en est la production la plus noble : en se multipliant, il en multiplie le germe le plus précieux; elle-même aussi semble se multiplier avec lui; il met au jour par son art tout ce qu'elle recélait dans son sein. Que de *trésors ignorés!* que de richesses nouvelles! les *fleurs*, les *fruits*, les *grains*, *perfectionnés*, *multipliés* à l'infini ; les *espèces* utiles d'animaux *transportées*, *propagées*, *augmentées* sans nombre ; les *espèces* nuisibles *réduites*, *confinées*, *reléguées ;* l'*or*, et le *fer* plus nécessaire que l'or, *tirés* des entrailles de la terre ; les *torrents contenus*, les *fleuves dirigés*, *resserrés ;* la *mer soumise*, *reconnue*, *traversée* d'un hémisphère à l'autre ; la *terre* accessible partout, partout *rendue* aussi *vivante* que féconde ; dans les vallées, de *riantes prairies ;* dans les plaines, de riches pâturages, ou des moissons encore plus riches ; les *collines chargées* de vignes et de fruits, leurs *sommets couronnés* d'arbres utiles et de jeunes forêts ; les *déserts devenus* des *cités habitées* par un peuple immense, qui, circulant sans cesse, se répand de ces centres jusqu'aux extrémités ; des *routes ouvertes* et *fréquentées*, des *communications établies* partout, comme autant de témoins de la force et de l'union de la société.

XII.

Que de *remparts détruits !* Que de *villes forcées !*
Que de *moissons* de gloire en courant *amassées !*

BOILEAU.

XIII.

Par sa *feinte vertu* tout le *peuple échauffé*
Ranima son *courroux* encor mal *étouffé*.

Henriade.

XIV.

Qu'en un lieu, qu'en un jour, un seul *fait accompli*
Tienne jusqu'à la fin le *théâtre rempli*.

BOILEAU.

XV.

On le cherchait en vain ; ses *soldats abattus*,
Ne marchant plus sous lui, semblaient déjà *vaincus*.

Henriade.

XVI.

De crainte, à ce spectacle, et d'horreur *agités*,
Ces *monstres confondus* courent *épouvantés*.

Henriade.

XVII.

N'imite pas ces fous dont la sotte avarice
Va de ses revenus engraisser la justice;
Qui, toujours assignant, et toujours *assignés*,
Souvent demeurent gueux de vingt *procès gagnés*.

BOILEAU.

XVIII.

Autour de cet amas de *viandes entassées*
Régnait un long cordon d'*alouettes pressées*,
Et sur les bords du plat six *pigeons étalés*
Présentaient pour renfort leurs *squelettes brûlés*.

Le même.

XIX.

On verra les *abus* par ta main *réformés*,
La *licence* et l'*orgueil* en tous lieux *réprimés*,
Du débris des traitants ton *épargne grossie*,
Des subsides affreux la *rigueur adoucie*.

Le même.

XX.

Ce spectacle sanglant, cette pompe fatale,
Entre au milieu d'un *peuple interdit*, *égaré*;
Chacun voit, en tremblant, ce *corps défiguré*,
Ce *front souillé* de sang, cette *bouche entr'ouverte*,
Cette *tête penchée*, et de poudre *couverte*.

Henriade.

ARTICLE II.

Participe accompagné du verbe ÊTRE.

RÈGLE. Un participe accompagné du verbe *être* peut encore être considéré comme un adjectif qui s'accorde en genre et en nombre avec le sujet du verbe (1), comme dans les phrases suivantes :

Verbes passifs.

Mon *frère* est *aimé*.	Ma *sœur* est *aimée*.
Mes *frères* sont *aimés*.	Mes *sœurs* sont *aimées*.
Mon *frère* a été *puni*.	Ma *sœur* a été *punie*.
Mes *frères* ont été *punis*.	Mes *sœurs* ont été *punies*.
Mon *habit* sera *fait*.	Ta *robe* sera *faite*.
Mes *habits* seront *faits*.	Tes *robes* seront *faites*.

Verbes neutres.

Mon *père* est *venu*.	Ma *mère* est *venue*.
Mes *frères* sont *venus*.	Mes *sœurs* sont *venues*.
Le *livre* serait *tombé*.	La *plume* serait *tombée*.
Les *livres* seraient *tombés*.	Les *plumes* seraient *tombées*.
Le *courrier* était *arrivé*.	La *nouvelle* était *arrivée*.
Les *courriers* étaient *arrivés*.	Les *nouvelles* étaient *arrivées*.

EXEMPLES

Qui ont rapport à cette règle :

I.

La VERTU timide *est* souvent OPPRIMÉE, parceque'elle manque ou de hardiesse pour se montrer ou de protection pour se défendre ; la VERTU obscure *est* souvent MÉPRISÉE, parceque rien ne la relève aux yeux des sens, et que le MONDE *est* RAVI de pouvoir faire un crime à la piété de l'obscurité de ceux qui la pratiquent.

Dans cette phrase, les deux participes *opprimée* et

(1) Cette règle ne regarde que les verbes passifs et les verbes neutres. Dans la plupart des verbes pronominaux, le verbe *être* étant employé pour le verbe *avoir*, le participe ne s'accorde pas avec le sujet : il en sera traité ci-après, à l'article IV.

méprisée sont au féminin et au singulier parcequ'ils ont pour sujet le substantif *vertu ;* et *ravi* est au masculin singulier parcequ'il a pour sujet le substantif *monde.*

II.

C'est là que les plus sages sont ceux QUI ne *sont* OCCUPÉS que de leur fortune ou de leur avancement ; qui sacrifient tout, bien, repos, conscience, à leur gloire ; QUI, insensibles sur la félicité des saints et sur les biens solides de l'éternité, ne *sont* OCCUPÉS qu'à saisir un fantôme qui leur échappe avant qu'ils le tiennent, et à se ménager des établissements QUI *sont* FONDÉS sur le sable et dans une cité qui n'est pas permanente. C'est là, en un mot, que Dieu n'*est* pas plus CONNU qu'au milieu des peuples infidèles, et que la plus haute vertu n'est pas de n'avoir point de passions, mais de n'en avoir que de nobles et de brillantes.

Dans cette phrase, le participe *occupés* est au masculin et au pluriel parcequ'il a pour sujet le relatif *qui,* pronom qui se rapporte au pronom indéfini *ceux.*

Fondés est au masculin et au pluriel parcequ'il a pour sujet le relatif *qui*, pronom qui se rapporte à *établissements.*

Connu est au masculin et au singulier parcequ'il s'accorde avec *Dieu*, sujet du verbe.

Nota. Comme l'accord du participe avec le sujet ne présente aucune difficulté, je vais rapporter ici quelques exemples, mais sans d'autres détails que d'indiquer par un caractère remarquable le sujet du verbe, et le participe qui doit s'accorder avec ce sujet.

III.

Près des murs de cette ville royale, s'élève un vaste et superbe édifice que l'autorité des magistrats et les aumônes des citoyens entretiennent depuis trente ans... C'est là que la FAIM *est* RASSASIÉE, que la NUDITÉ *est* REVÊTUE, que l'INFIRMITÉ *est* GUÉRIE, que l'AFFLICTION *est* CONSOLÉE, que l'IGNORANCE *est* INSTRUITE, et que chaque espèce de misère de l'ame ou du corps trouve une espèce de miséricorde qui la soulage.

IV.

Enfin, sous un superbe pavillon, au milieu de ses femmes et d'une foule de guerriers, ses yeux rencontrent Armide, qui, l'air morne et le cœur gros de soupirs, semble s'entretenir avec elle-même : sa TÊTE *est* APPUYÉE sur sa main; ses REGARDS *sont* ATTACHÉS à la terre. On ne sait si elle pleure; mais ses PRUNELLES *sont* MOUILLÉES, et des perles liquides nagent dans ses yeux.

V.

Les moindres FAUTES y *sont* sévèrement PUNIES; la seule PENSÉE du crime y *est* REGARDÉE avec autant d'horreur que le crime même; les faiblesses de l'amour y passent pour de vraies faiblesses; les PASSIONS n'y *sont* PRÉSENTÉES aux yeux que pour montrer tout le désordre dont elles sont cause ; et le VICE y *est* PEINT partout avec des couleurs qui en font connaître et haïr la difformité.

VI.

Les Perses étaient honnêtes, civils, libéraux envers les étrangers, et ils savaient s'en servir. Les GENS de mérite *étaient* CONNUS parmi eux, et ils n'épargnaient rien pour les gagner. Il est vrai qu'ILS ne *sont* pas ARRIVÉS à la connaissance parfaite de cette sagesse qui apprend à bien gouverner : leur grand EMPIRE *fut* toujours RÉGI avec quelque confusion.

VII.

Nous oublions aisément nos fautes lorsqu'ELLES ne *sont* SUES que de nous.

VIII.

Depuis la mort de François II, la FRANCE *avait été* toujours ou DÉCHIRÉE par des guerres civiles ou TROUBLÉE par des factions ; jamais le JOUG n'*avait été* PORTÉ d'une manière paisible et volontaire. Les SEIGNEURS *avaient été* ÉLEVÉS dans les conspirations : c'était l'art de la cour, comme celui de plaire au souverain l'a été depuis.

IX.

Avant que ROME *fût* GOUVERNÉE par un seul, les richesses des principaux Romains étaient immenses, quelles que fussent les voies qu'ils employaient pour les acquérir : ELLES *furent presque* toutes ÔTÉES sous les empereurs ; les sénateurs n'avaient plus ces grands clients qui les comblaient de biens ; on ne pouvait guère rien prendre dans les provinces que pour César, surtout lorsque ses PROCURATEURS, qui étaient à peu près comme sont aujourd'hui nos intendants, y *furent* ÉTABLIS. Cependant, quoique la SOURCE des richesses *fût* COUPÉE, les dépenses subsistaient toujours ; le TRAIN de vie *était* PRIS, et on ne pouvait plus le soutenir que par la faveur de l'empereur.

X.

Un peuple libre, un peuple commerçant qui se donne un maître ! lui, à qui la liberté doit paraître d'autant plus précieuse qu'il est à craindre que ses PROJETS ne *soient* CONNUS, ses SPÉCULATIONS SUSPENDUES, ses ENTREPRISES TRAVERSÉES, les PLACES de l'état REMPLIES par des traîtres, et CELLES de ses colonies PROCURÉES à d'indignes étrangers.

Le verbe *être* est exprimé avant le participe *connus*, et sous-entendu avant les quatre autres.

XI.

Quand un roi veut le crime, IL *est* trop OBÉI !
Par cent mille assassins son COURROUX *fut* SERVI.

XII.

Son destin l'aveuglait : son HEURE *était* VENUE.

XIII.

Sur ces murs ténébreux des LANCES *sont* RANGÉES ;
Dans des vases de sang leurs POINTES *sont* PLONGÉES.

Henriade.

XIV.

Ah! si du grand Henri ton CULTE *est* IGNORÉ,
Par qui le ROI des rois veut-il *être* ADORÉ?

XV.

Votre ATTENTE, ô grand roi, ne *sera* point TROMPÉE.

XVI.

A de nouveaux exploits MAYENNE *est* PRÉPARÉ.
D'un espoir renaissant le PEUPLE *est* ENIVRÉ.

Henriade.

REMARQUE.

Il arrive quelquefois que le sujet se trouve après le verbe; mais ce dérangement de construction ne change rien à la syntaxe: le participe accompagné du verbe *être* s'accorde avec le sujet du verbe, quelle que soit la place du sujet; comme dans les exemples suivants:

XVII.

C'est auprès de cette belle côte que s'élève dans la mer l'île où *est* BATIE la VILLE de Tyr.

Où est BÂTIE *la* VILLE, comme s'il y avait, *où la* VILLE *est* BÂTIE.

XVIII.

Quand il vit l'urne où *étaient* RENFERMÉES les CENDRES si chères de son frère Hippias, il versa un torrent de larmes.

XIX.

Aux branches du palmier *sont* SUSPENDUS des TROPHÉES et des ARMES; au tronc *sont* ATTACHÉES sa CUIRASSE et son ARMURE.

XX.

Là donc nous *sont* PROPOSÉES les PROFONDEURS incompréhensibles de l'être divin, et la GRANDEUR ineffable de son unité... Là sont EXPLIQUÉS les MYSTÈRES *qui étaient enveloppés* et comme *scellés* dans les anciennes écritures.

ARTICLE III.

Participe accompagné du verbe AVOIR.

Le participe passé accompagné du verbe *avoir* peut être avec ou sans régime direct ; et, s'il a un régime direct, ce régime peut être après ou avant le participe.

EXEMPLES :

1° *Participe sans régime direct :*

Mes frères ont LU.

2° *Régime direct après le participe :*

Mes frères ont LU UNE FABLE.

3° *Régime direct avant le participe.*

Voici la fable QUE mes frères ont LUE.

RÈGLE.

Le participe passé, quand il est accompagné du verbe *avoir*, ne s'accorde jamais avec le sujet du verbe; mais il s'accorde en genre et en nombre avec le régime direct, lorsque ce régime est avant le participe : ce qui signifie clairement qu'un participe sans régime direct, ou suivi de son régime direct, est un mot invariable.

EXEMPLES :

(Ier Cas. *Participes sans régime direct.*)

I.

Les *revenus* de la république *ont* MONTÉ quelquefois jusqu'à la somme de deux mille talents, et ces revenus sont de deux sortes : ceux qu'elle perçoit dans le pays même, et ceux qu'elle tire des peuples tributaires.

Le participe *monté* est invariable parcequ'il est sans régime direct ; et il a été dit bien positivement que le participe accompagné du verbe *avoir* ne s'accorde jamais avec le sujet.

II.

Ton triomphe est parfait ; tous tes *traits ont* PORTÉ.

Racine.

Le participe *porté* est invariable parcequ'il est sans régime direct.

III.

Il y a long-temps, monsieur, que je jouis de la sincérité et de la constance de votre amitié. Sur cela, les années finissent comme *elles ont* COMMENCÉ, et commencent comme *elles ont* FINI.

Les deux participes *commencé* et *fini* sont invariables parcequ'ils sont sans régime direct.

IV.

On ne doit pas se dissimuler que, depuis la décadence de la famille de Charlemagne, *la France avait* LANGUI plus ou moins dans cette faiblesse, parcequ'*elle* n'*avait* presque jamais JOUI d'un bon gouvernement.

Langui et *joui* sont invariables parcequ'ils sont sans régime direct.

V.

Artémise, reine de Carie, est *morte* : *elle* n'*a* SURVÉCU que deux ans à Mausole, son frère et son époux.

Survécu est invariable parcequ'il est sans régime direct.

Morte est un participe accompagné du verbe *être*, qui s'accorde avec *Artémise*, sujet du verbe.

VI.

Combattez sous d'Aumale, et *vous avez* VAINCU.

Henriade.

VII.

Avant que les *Tartares eussent* PÉNÉTRÉ dans cette région, nul pont n'y rendait le passage des rivières praticable.

VIII.

A peine les *Hollandais avaient* PARU aux Indes, qu'ils désirèrent d'avoir des comptoirs sur les côtes de Coromandel et d'Orissa.

IX.

Les *Espagnols* et les *Portugais avaient* PROFITÉ de la division de leurs ennemis pour s'établir de nouveau dans les Moluques.

X.

Partout en même temps la *trompette a* SONNÉ.

RACINE.

Vaincu, *pénétré*, *paru*, *profité*, *sonné*, sont invariables parcequ'il n'y a point de régime direct.

(IIe CAS. *Régime direct après le participe.*)

I.

Pénélope sa femme, et moi qui suis son fils, *nous avons* PERDU L'ESPÉRANCE de le revoir.

Perdu est invariable parcequ'il est suivi de son régime direct, *l'espérance.*

II.

Je vais, dit-il, regardant Télémaque, satisfaire votre curiosité. Pygmalion n'est plus : les justes *dieux* en *ont* DÉLIVRÉ LA TERRE.

Délivré est invariable parcequ'il est suivi de son régime direct, *la terre.*

III.

La déesse conduisit elle-même Télémaque dans une grotte séparée de la sienne. Elle n'était ni moins rustique ni moins agréable. Une fontaine, qui coulait dans un coin, y faisait un doux murmure qui appelait le sommeil. Les *nymphes* y *avaient* PRÉPARÉ DEUX LITS d'une molle verdure sur lesquels *elles avaient* ÉTENDU DEUX GRANDES PEAUX, l'une de lion pour Télémaque, et l'autre d'ours pour Mentor.

Les deux participes *préparé* et *étendu* sont invariables parceque les régimes directs *lits* et *peaux*, sont après les participes.

IV.

Les Ithaciens ont OUBLIÉ ULYSSE. Nous ne pouvons y retourner que pour chercher une mort assurée, puisque les *amants* de Pénélope *ont* OCCUPÉ toutes LES AVENUES du port pour mieux assurer notre perte à notre retour.

Oublié est invariable parcequ'il est suivi de son régime direct, *Ulysse*.

Occupé est invariable parcequ'il est suivi de son régime direct, *avenues*.

V.

Plusieurs de ceux *qui avaient* SUIVI IDOMÉNÉE au siége de Troie reconnurent ceux de Nestor *qui avaient* COMBATTU dans la même guerre. Ils s'embrassaient avec tendresse et se racontaient mutuellement tout ce *qui* leur *était arrivé* depuis qu'*ils avaient* RUINÉ LA SUPERBE VILLE qui était l'ornement de toute l'Asie.

Suivi est invariable parcequ'il est suivi de son régime direct, *Idoménée*.

Combattu est invariable parcequ'il est sans régime direct.

Arrivé est accompagné du verbe *être*, et s'accorde avec le sujet *qui*, pronom relatif qui se rapporte à *ce*, pronom indéfini masculin singulier.

Ruiné est invariable parcequ'il est suivi de son régime direct, *ville*.

VI.

Craignez, repartit Mentor, qu'elle ne vous accable de maux ; craignez ses trompeuses douceurs plus que les écueils *qui ont* BRISÉ votre NAVIRE.

VII.

Les étoiles parurent comme si *elles avaient* **CHANGÉ** leur **COURSE**, et qu'*elles fussent revenues sur* leurs pas.

VIII.

Quelque petits que fussent ces objets, ils étaient dignes de mon attention, puisqu'*ils avaient* **MÉRITÉ CELLE** de la nature.

IX.

Ce sont des hommes utiles *qui ont* **CULTIVÉ** les **TERRES**, **TAILLÉ** la **PIERRE**, **CONSTRUIT** nos **ÉDIFICES**, **NOURRI** nos **ENFANTS**, **DÉFENDU** la **PATRIE**, **SECONDÉ** le **GÉNIE**, **SERVI** l'**INDUSTRIE** dans toutes ses branches.

Le sujet *qui* et l'auxiliaire *avoir* sont exprimés avant le participe *cultivé*, et sous-entendus avant les autres.

X.

Des *ouragans*, dont on retracerait difficilement la violence, *ont* **BOULEVERSÉ** les **CAMPAGNES** et **DÉTRUIT** les **RÉCOLTES**..... Des *insectes* indestructibles *ont* **DÉVORÉ** pendant une longue suite d'années **TOUT CE** qu'on pouvait se promettre d'un sol fertile et bien cultivé. Quelques *denrées*, dont la *reproduction a* **SURPASSÉ** la **CONSOMMATION**, *ont* **PERDU** leur **VALEUR**, et *sont tombées* dans le dernier avilissement. Des *guerres* longues et cruelles, en opposant des obstacles insurmontables à la sortie des productions, *ont* **RENDU** inutiles les **TRAVAUX** les mieux suivis, les plus opiniâtres.

(IIIe Cas. *Régime direct avant le participe.*)

I.

L'enfant malin et trompeur ne caressait que pour trahir ; et il ne riait jamais que des maux cruels QU'*il avait* FAITS ou qu'il voulait faire.

Le participe *faits* est au masculin et au pluriel parcequ'il est précédé de son régime direct, le relatif *que*, pronom qui a pour antécédent le substantif masculin pluriel *maux*, régime indirect de *riait.*

II.

Pygmalion ne mangeait que des fruits QU'*il avait* CUEILLIS lui-même dans son jardin, ou des légumes QU'*il avait* SEMÉS, et qu'il faisait cuire.

Cueillis et *semés* sont au masculin pluriel : le premier, parcequ'il est précédé de son régime direct, *que*, pronom relatif qui se rapporte à *fruits;* le second, parcequ'il a pour régime direct *que*, pronom relatif qui se rapporte à *légumes.*

III.

Les Thessaliens rougissaient encore des victoires QUE les *Phocéens avaient* autrefois REMPORTÉES sur eux.

Remportées est au féminin et au pluriel parcequ'il est précédé de son régime direct, *que*, pronom relatif qui se rapporte à *victoires*, régime indirect de *rougissaient.*

IV.

Coriolan se sépara ensuite de sa mère et de sa femme, après LES *avoir* EMBRASSÉES, et ne songea plus qu'à procurer une paix honorable à sa patrie.

Embrassées est au féminin et au pluriel parceque ce participe est précédé de son régime direct, *les*, pronom personnel qui remplace les deux substantifs *mère* et *femme*.

V.

(*Dion à ses soldats.*)

Je suis si certain de la révolution et de la gloire qui en doit rejaillir sur nous, que, dussé-je périr à notre arrivée en Sicile, je m'estimerais heureux de VOUS y *avoir* CONDUITS.

Conduits, au masculin et au pluriel parcequ'il est précédé de son régime direct *vous*, pronom personnel qui représente les personnes à qui Dion adresse la parole.

VI.

Ah ! de vos premiers ans l'heureuse expérience
Vous fait-elle, seigneur, haïr votre innocence?
Songez-vous au bonheur *qui* LES *a* SIGNALÉS ?
Dans quel repos, ô ciel ! LES *avez-vous* COULÉS !

RACINE.

Signalés et *coulés*, au masculin pluriel parce que ces deux participes sont précédés du régime direct *les*, pronom qui se rapporte à *premiers ans*.

VII.

Déjà par une porte au public moins connue
L'un et *l'autre consul* VOUS *avaient* PRÉVENUE,
Madame.

Le même.

Prévenue, au féminin singulier, parceque ce participe est précédé du régime direct *vous*, employé pour *te*, pronom qui se rapporte à la mère de Néron.

VIII.

Est-ce un songe ? et *mes yeux* ne M'*ont-ils* point TROMPÉE ?
Le même.

Trompée, au féminin singulier parceque ce participe est précédé du régime direct *me*, pronom qui tient la place de *Roxane*, qui parle.

IX.

Je reconnais l'erreur *qui* NOUS *avait* SÉDUITS,
Et ressens votre joie autant que je le puis.
Le même.

Séduits, au masculin pluriel parceque ce participe est précédé du régime direct *nous*, pronom qui se rapporte à *Agamemnon* et à *Clytemnestre*.

X.

La Providence se servit d'elle pour donner aux uns l'envie de leur perfection, pour ôter aux autres les prétextes de leur négligence. Combien d'AMES timides *a-t-elle* ENCOURAGÉES par sa profession publique de dévotion, et par les marques visibles de la miséricorde de Dieu sur elle ! Combien de FAUSSES VERTUS *a-t-elle* REDRESSÉES par les règles qu'elle prescrivit à la sienne ! Combien de DÉSORDRES *a-t-elle* ARRÊTÉS, moins par la force de ses corrections que par la persuasion de son exemple !

Dans cette phrase, il est question d'*ames encouragées*, de *vertus redressées*, de *désordres arrêtés*; et les régimes sont avant les participes : c'est pourquoi les participes s'accordent avec les régimes.

EXEMPLES

Dans chacun desquels se trouvent réunis les trois cas précédents :

I.

Hersilie a MARQUÉ SON PASSAGE par la ruine et la désolation. Ses faibles *ennemis ont* FUI devant elle : *Hersilie* LES *a* POURSUIVIS le fer et la flamme à la main.

1° *Marqué* est invariable parceque le régime direct est après le participe.

2° *Fui* est invariable parceque ce participe est sans régime direct.

3° *Poursuivis* est au masculin pluriel parcequ'il est précédé de son régime direct, *les*, pronom personnel qui représente le substantif *ennemis*.

II.

Les autres *nations ont* APPLAUDI aux décrets foudroyants QUE *nous avons* PORTÉS contre ceux *qui ont* TRAHI LES OLYNTHIENS.

1° *Applaudi* est sans régime direct, alors il est invariable.

2° *Portés* est précédé de son régime direct, le relatif *que*, pronom qui se rapporte à *décrets*; c'est pourquoi ce participe est au masculin et au pluriel.

3° *Trahi* est invariable parcequ'il est suivi de son régime direct, le substantif *Olynthiens*.

III.

Généreux guerrier, seul digne de commander à

tant de fameux héros qui doivent à ta valeur et à ta sagesse les états QU'*ils ont* CONQUIS et les palmes QU'*ils ont* CUEILLIES, même avant qu'ils fussent réunis sous tes ordres, ta gloire ne finit point aux colonnes d'Hercule : déjà *elle a* RETENTI parmi nous, et la *renommée a* REMPLI L'ÉGYPTE du récit de tes exploits.

1° *Conquis*, participe qui s'écrit au singulier comme au pluriel parcequ'il fait *conquise* au féminin : dans cette phrase, il est masculin pluriel parcequ'il est précédé de son régime direct, le relatif *que*, pronom qui se rapporte à *états*.

2° *Cueillies* est au féminin pluriel parcequ'il est précédé de son régime direct, le relatif *que*, pronom qui se rapporte à *palmes*.

3° *Retenti* est sans régime direct ; c'est pourquoi il est invariable.

4° *Rempli* est invariable parcequ'il est suivi de son régime direct, *Égypte*.

IV.

Il ne reste de ce superbe édifice que les quatre murs et des colonnes qui s'élèvent au milieu des décombres. *La flamme a* CONSUMÉ LE TOIT et LES ORNEMENTS qui décoraient la nef. On commence à le rétablir. Tous *les citoyens ont* CONTRIBUÉ ; *les femmes ont* SACRIFIÉ LEURS BIJOUX. Les *parties dégradées* par le feu *seront restaurées* ; celles QU'*il a* DÉTRUITES reparaîtront avec plus de magnificence, du moins avec plus de goût.

1° *Consumé* est invariable parceque les régimes directs, *toit* et *ornements*, sont après le participe.

2° *Contribué* est invariable parcequ'il est sans régime direct.

3° *Sacrifié* est invariable parceque le régime direct, *bijoux*, est après le participe.

4° *Dégradées* et *restaurées* se rapportent au substantif féminin pluriel *parties : dégradées*, comme adjectif verbal ; *restaurées*, comme participe accompagné du verbe *être*.

5° *Détruites*, participe passé du verbe actif *détruire*, au féminin et au pluriel parcequ'il est précédé de son régime direct, le relatif *que*, pronom qui a pour antécédent *celles*, autre pronom féminin pluriel remplaçant le substantif *parties*.

REMARQUE.

Quand le régime direct est avant le participe, c'est ordinairement un des pronoms *que*, *me*, *te*, *se* (1), *nous*, *vous*, *le*, *la*, *les*. Quelquefois ce régime est un substantif précédé de quelqu'un de ces mots, *quel*, *quels*, *quelle*, *quelles*, *que de*, *combien de*.

EXEMPLES

Du régime direct placé avant le substantif :

QUE *masculin singulier*.

Le livre QUE *j'ai* LU... Le procès QUE *j'ai* GAGNÉ... Le bien QUE *tu as* FAIT... Le discours QUE *vous avez* PRONONCÉ... Le billet QUE *tu m'as* REMIS...

---

(1) Le pronom *se* ne peut être régime direct que dans les verbes pronominaux où le verbe *être* est employé pour le verbe *avoir*.

QUE, *masculin pluriel.*

Les livres QUE *j'ai* LUS... Les procès QUE *j'ai* GAGNÉS... Les services QUE *tu m'as* RENDUS... Les billets QUE *tu as* ÉCRITS.

QUE, *féminin singulier.*

La personne QUE *j'ai* VUE... La plume QUE *j'ai* TAILLÉE... La lettre QU'*on m'a* ÉCRITE... La somme QU'*il m'a* PROMISE...

QUE, *féminin pluriel.*

Les personnes QUE *j'ai* VUES... Les choses QUE *j'ai* ENTENDUES... Les maisons QUE *j'ai* ACHETÉES... Les démarches QUE *j'ai* FAITES...

ME, *masculin.*

Un homme doit dire :

On M'*a* RECONNU... *Tu* M'*as* PROTÉGÉ... *Il* M'*a* PUNI... *Elle* M'*a* COMPROMIS...

ME, *féminin.*

Une femme doit dire :

On M'*a* TROMPÉE... *On* M'*a* VUE... *Il* M'*a* SURPRISE... *Tu* M'*as* DISTRAITE...

TE, *masculin.*

On doit dire à un homme :

Je T'*ai* SALUÉ... *Je* T'*ai* RECONNU... *On* T'*a* CONTREDIT... *Nous* T'*avons* SATISFAIT...

TE, *féminin.*

On doit dire à une femme :

Je T'*ai* RENCONTRÉE... *Je* T'*ai* RECONNUE... *On* T'*a* CONTREDITE... *Nous* T'*avons* SATISFAITE...

NOUS, *masculin.*

Tu NOUS *as* TROMPÉS... *Il* NOUS *a* PRÉVENUS... *Elle* NOUS *avait* AVERTIS...

NOUS, *féminin.*

On NOUS *a* CONSULTÉES... *Votre frère* NOUS *a* RECONNUES... *Ton père* NOUS *a* CONDUITES... *On* NOUS *a* AVERTIES...

VOUS, pour TE, *masculin singulier.*

Mon fils, *je* VOUS *ai* vu... Monsieur, *je* VOUS *ai* CONSULTÉ... Mon cher frère, *on* VOUS *a* PRÉVENU...

VOUS, pour TE, *féminin singulier.*

Ma fille, *je* VOUS *ai* VUE... Madame, *je* VOUS *ai* CONSULTÉE... Ma chère sœur, *on* VOUS *a* PRÉVENUE...

VOUS, *masculin pluriel.*

Mes fils, *je* VOUS *ai* ENTENDUS... Messieurs, *je* VOUS *ai* VENGÉS... *On* VOUS *a* INSTRUITS...

VOUS, *féminin pluriel.*

Mes filles, *on* VOUS *a* TROMPÉES... Mesdames,

je VOUS *ai* RECONNUES... *Il* VOUS *a* PRÉVENUES...

LE, *masculin singulier.*

Cet homme, *je* L'*ai* RECONNU... Ce livre, *je* L'*ai* ACHETÉ, *je* L'*ai* LU... Ce billet, c'est moi *qui* L'*ai* ÉCRIT... Ce pays, *nous* L'*avons* CONQUIS.

LA, *féminin singulier.*

Cette maison, *nous* L'*avons* ACHETÉE, *nous* L'*avons* REVENDUE... Cette lettre, c'est moi *qui* L'*ai* ÉCRITE... Cette province, *nous* L'*avons* CONQUISE...

LES, *masculin pluriel.*

Vos frères, *je* LES *ai* RENCONTRÉS ce matin... *On* LES *a* VUS à la promenade... Tes livres, *je* LES *ai* REMIS à leur place.

LES, *féminin pluriel.*

Tes sœurs, *je* LES *ai* VUES chez ton père... *On* LES *a* RECONDUITES à leur prison... Ces plumes, *je* Les *ai* TAILLÉES... Ces lettres, c'est moi *qui* LES *ai* ÉCRITES.

QUEL, *masc. sing.*; QUELLE, *fém. sing.*; QUELS, *masc. plur.*; QUELLES, *fém. plur.*

QUEL MÉDECIN *as-tu* CONSULTÉ?... QUEL DANGER *vous avez* COURU!... QUELLE PERSONNE *as-tu* VUE?... QUELLE FAUTE *vous avez* FAITE!... QUELS LIVRES *a-t-il* ACHETÉS?... QUELS MALHEURS *vous avez* ÉVITÉS!... QUELLES DÉMARCHES *avez-vous* FAITES?... QUELLES DÉPENSES *tu as* FAITES!

QUE DE... COMBIEN DE...

Que de MAUX *tu as* SOUFFERTS!... *Que de* PEINES *tu as* ÉPROUVÉES!... *Combien de* DANGERS *nous avons* COURUS!... *Combien de* BATAILLES *a-t-il* GAGNÉES!

AUTRES EXEMPLES :

I.

Je considère qu'*elle a* RACHETÉ SES PÉCHÉS par les aumônes QU'*elle a* RÉPANDUES secrètement dans le sein des pauvres; et qu'*elle* LES *a* EXPIÉS par une longue pénitence QU'*elle a* SOUTENUE avec beaucoup de force.

On voit que dans la phrase ci-dessus il y a quatre participes,

1° *Racheté*, invariable parcequ'il est suivi de son régime direct, *péchés ;*

2° *Répandues*, au féminin pluriel parcequ'il est précédé de son régime direct, le relatif *que*, pronom qui se rapporte à *aumônes*, complément de la préposition *par;*

3° *Expiés*, au masculin pluriel parcequ'il est précédé de son régime direct, *les*, pronom qui remplace *péchés*, régime de *racheté ;*

4° *Soutenue*, au féminin singulier parcequ'il est précédé de son régime direct, le relatif *que*, pronom qui se rapporte à *pénitence*, complément de la préposition *par;*
et que le pronom *elle* est sujet dans les quatre membres de cette phrase : ce qui prouve bien que le sujet

du verbe n'influe en rien sur l'accord du participe accompagné du verbe AVOIR.

II.

Dans l'éloge que je fais aujourd'hui de très-haut et très-puissant seigneur Messire Michel Letellier, ministre d'état, chevalier, chancelier de France, j'envisage non pas sa fortune, mais sa vertu; les services QU'*il a* RENDUS, non pas les places QU'*il a* REMPLIES; les dons QU'*il a* REÇUS du ciel, non pas les honneurs QU'*on* lui *a* RENDUS sur la terre; en un mot, les exemples que votre raison vous doit faire suivre, et non pas les grandeurs que votre orgueil pourrait vous faire désirer.

Rendus, au masculin pluriel parcequ'il est précédé de son régime direct, le relatif *que*, pronom qui se rapporte à *services*.

Remplies, au féminin pluriel parcequ'il est précédé de son régime direct, le relatif *que*, pronom qui se rapporte à *places*.

Reçus, au masculin pluriel parcequ'il est précédé de son régime direct, le relatif *que*, pronom qui se rapporte à *dons*.

Rendus, au masculin pluriel parcequ'il est précédé de son régime direct, le relatif *que*, pronom qui se rapporte à *honneurs*.

III.

Combien de PROJETS *a-t-il* FAITS ou RÉFORMÉS! Combien d'OUVERTURES *a-t-il* DONNÉES! Combien de services *a-t-il* RENDUS, dont il a DÉROBÉ LA CONNAISSANCE à ceux *qui* en ont RESSENTI LES EFFETS!

Dans cette phrase, il est question de *projets faits* ou *réformés*, d'*ouvertures données*, de *services rendus*; et les régimes sont avant les participes : c'est pourquoi les participes s'accordent avec les régimes.

Dans cette même phrase, *dérobé* et *ressenti* sont invariables, parceque *connaissance*, régime de *dérobé*, et *effets*, régime de *ressenti*, sont après les participes.

IV.

Pythagore assurait que, dans les voyages QU'*il avait* FAITS aux enfers, il *avait* REMARQUÉ L'AME du poète Hésiode, *attachée* avec des chaînes à une colonne, où elle se tourmentait fort; que, pour celle d'Homère, *il* L'*avait* VUE *pendue* à un arbre, où *elle était environnée* de serpents, à cause de toutes les faussetés QU'*il avait* INVENTÉES et ATTRIBUÉES aux dieux; et que les *ames* des maris *qui avaient* mal VÉCU avec leurs femmes *étaient* rudement *tourmentées* dans ce pays-là.

1° *Faits*, au masculin et au pluriel parcequ'il est précédé de son régime direct, le relatif *que*, pronom qui se rapporte à *voyages*, complément de la préposition *dans*.

2° *Remarqué*, invariable parceque le régime de ce participe est après le participe: *il avait remarqué l'ame*.

3° *Attachée* est un adjectif verbal qui se rapporte à *ame*.

4° *Vue*, au féminin et au singulier parcequ'il est précédé de son régime direct, le pronom *l'* ou *la*, qui remplace le mot *ame*.

5° *Pendue* est, comme *attachée*, un adjectif verbal qui se rapporte à *ame.*

6° *Environnée*, participe accompagné du verbe *être*, s'accorde en genre et en nombre avec le sujet du verbe, le pronom *elle*, qui remplace le mot *ame.*

7° *Inventées* et *attribuées*, au féminin et au pluriel parcequ'ils sont précédés de leur régime direct, le relatif *que*, pronom qui se rapporte à *faussetés*, substantif féminin pluriel, complément de *à cause de.*

8° *Vécu*, invariable parceque c'est un participe sans régime direct.

Tourmentées, participe accompagné du verbe *être*, s'accorde avec le sujet du verbe, le substantif féminin pluriel *ames.*

V.

(*Julie à sa cousine*).

Il est donc vrai, chère et cruelle amie, que tu me rappelles à la vie et à mes douleurs? J'*ai* VU L'INSTANT heureux où j'allais rejoindre la plus tendre des mères : *tes soins* inhumains M'*ont* ENCHAINÉE pour la pleurer plus long-temps; et quand le désir de la suivre m'arrache à la terre, le regret de te quitter m'y retient. Si je me console de vivre, c'est par l'espoir de n'*avoir* pas ÉCHAPPÉ tout entière à la mort. Ils ne sont plus ces agréments de mon visage QUE *mon cœur a* PAYÉS si cher : la *maladie* dont je sors M'en *a* DÉLIVRÉE.

1° *Vu*, invariable parceque la chose vue, le régime direct, est après le participe : j'ai *vu l'instant heureux.*

2° *Enchaînée*, au féminin singulier parcequ'il est

précédé de son régime direct, le pronom *m'* ou *me*, qui remplace *Julie*, nom féminin singulier.

3° *Échappé*, invariable parceque c'est un participe sans régime direct.

4° *Payés*, au masculin pluriel parcequ'il est précédé de son régime direct, le relatif *que*, pronom qui se rapporte à *agréments*, substantif masculin pluriel.

5° *Délivrée*, au féminin singulier parcequ'il est précédé de son régime direct, le pronom *m'* ou *me*, qui remplace *Julie*.

VI.

En même temps toute l'assemblée jeta les yeux sur Mentor, que je montrais, le tenant par la main. Je racontais les soins QU'*il avait* EUS de mon enfance, les périls dont *il* M'*avait* DÉLIVRÉ, les malheurs *qui étaient venus* fondre sur moi dès que *j'avais* CESSÉ DE SUIVRE ses conseils.

1° *Eus*, participe du verbe *avoir*, au masculin pluriel parcequ'il est précédé de son régime direct, le relatif *que*, pronom qui se rapporte à *soins*, régime direct de *je racontais*.

2° *Délivré* s'accorde en genre et en nombre avec son régime direct, le pronom *m'* ou *me*, qui remplace *Télémaque*.

3° *Venus*, participe accompagné du verbe *être*, s'accorde avec le sujet *qui*, pronom relatif qui se rapporte à *malheurs*.

4° *Cessé*, invariable parceque le régime de ce participe est après le participe : *dès que j'avais cessé* QUOI? — *De suivre*. Un verbe peut avoir pour régime un autre verbe à l'infinitif.

VII.

A peine *eus-je* **PRONONCÉ CES MOTS**, que tout le *peuple ému* s'écria qu'il fallait faire périr le fils de ce cruel Ulysse dont les *artifices avaient* **RENVERSÉ LA VILLE** de Troie. O fils d'Ulysse, me dit Aceste, je ne puis refuser votre sang aux mânes de tant de Troyens **QUE** *votre père a* **PRÉCIPITÉS** sur les rivages du noir Cocyte : vous, et celui qui vous mène, vous périrez.

Il me semble que ce que j'ai dit sur les exemples précédents doit suffire pour celui-ci et pour les suivants: *Point d'accord avec le sujet, mais accord avec le régime direct lorsque ce régime est avant le participe.*

Le sujet et l'auxiliaire sont en lettres italiques, et le participe et le régime sont en lettres capitales.

Elles ont **LU DEUX VOLUMES** :

ou bien,

Les deux volumes **QU'***elles ont* **LUS**.

VIII.

Pendant ce trouble, je courais errant çà et là dans le sacré bocage, semblable à une biche **QU'***un chasseur a* **BLESSÉE** : elle court au travers des vastes forêts pour soulager sa douleur; mais la flèche qui **L'***a* **PERCÉE** dans le flanc la suit partout; elle porte partout avec elle le trait meurtrier. Ainsi je courais en vain pour m'oublier moi-même; et rien n'adoucissait la plaie de mon cœur.

IX.

Son retour et le compte qu'il (Métellus) rendit du

succès de ses armes, les villes QU'*il avait* PRISES, les provinces QU'*il avait* CONQUISES, et les batailles QU'*il avait* GAGNÉES, tout cela fit tomber et dissipa les mauvais bruits QUE *Marius avait* RÉPANDUS contre lui.

X.

Ceux dont *elle a* PRÉSENTÉ LES VOEUX ou LES PLAINTES offrent pour elle de tous côtés les sacrifices de leurs larmes ou de leurs prières. Les familles QU'*elle a* ASSISTÉES, et qui lui doivent le repos dont elles jouissent, lui souhaitent incessamment le repos éternel devant Dieu. Les villes les plus nombreuses assemblent leurs peuples pour lui rendre pompeusement les devoirs funèbres. Les provinces QU'*elle a* autrefois ÉDIFIÉES par sa piété et par les aumônes QU'*elle* y *a* RÉPANDUES, retentissent du bruit de ses louanges. Les prêtres offrent pour elle le sacrifice de Jésus-Christ sur les autels; et les pauvres QU'*elle a* SECOURUS demandent à Dieu pour elle la miséricorde QU'*elle* leur *a* FAITE.

XI.

L'histoire des sciences ne présente que deux hommes qui, par la nature de leurs ouvrages, paraissent se rapprocher de M. de Buffon, Aristote et Pline. Tous deux infatigables comme lui dans le travail, *étonnants* par l'immensité de leurs connaissances et par celle des plans QU'*ils ont* CONÇUS et EXÉCUTÉS, *tous deux* respectés pendant leur vie, et honorés après leur mort par leurs concitoyens, *ont* VU LEUR GLOIRE survivre aux révolutions des opinions et des empires, aux nations *qui* LES *ont* PRO-

DUITS, et même aux langues **QU'***ils ont* **EMPLOYÉES**; et ils semblent, par leur exemple, promettre à M. de Buffon une gloire non moins durable.

XII.

A peine *a-t-il* **EMBRASSÉ LA SAINE DOCTRINE**, qu'il en devient le défenseur; aussitôt qu'*il est revêtu* des armes de lumière, il combat les œuvres de ténèbres; il regarde en tremblant l'abîme d'où *il est sorti*, et il tend la main à ceux **QU'***il* y *a* **LAISSÉS**. On dirait qu'*il est chargé* de ramener dans le sein de l'Église tous ceux **QUE** *le schisme* en *a* **SÉPARÉS**: il les invite par ses conseils, il les attire par ses bienfaits, il les presse par ses raisons, il les convainc par ses expériences.

XIII.

Je sais que les *peuples* de la Laconie *ont* **SENTI** aussi **LES TROUBLES** causés par la longue absence des princes, des capitaines et des soldats qui allèrent contre les Troyens. O Grecs *qui avez* **PASSÉ** dans l'Hespérie, *vous* n'y *avez tous* **PASSÉ** que par une suite des malheurs que causa la guerre de Troie!

XIV.

(*Idoménée à Mentor.*)

Tant d'années d'habitude étaient des chaînes de fer qui me liaient à ces deux hommes, et ils m'obsédaient à toute heure. Depuis que je suis ici *ils* **M'***ont* **JETÉ** dans toutes les dépenses excessives **QUE** *vous avez* **VUES**; *ils ont* **ÉPUISÉ CET ÉTAT** naissant; *ils* m'*ont* **ATTIRÉ CETTE GUERRE** qui m'allait accabler sans vous. *J'aurais* bientôt **ÉPROUVÉ** à Salente **LES MÊMES MALHEURS QUE** j'*ai* **SENTIS** en Crète ; mais *vous* m'*avez* enfin **OUVERT LES YEUX**, et *vous* m'*avez* **INSPIRÉ LE COURAGE** qui me manquait pour me mettre hors de servitude. Je ne sais ce **QUE** *vous avez* **FAIT** en moi ; mais depuis que vous êtes ici, je me sens un autre homme.

XV.

Auprès de ceux-ci paraissaient d'autres hommes que le vulgaire ne croit guère coupables, et que la vengeance divine poursuit impitoyablement : ce sont les ingrats, les menteurs, les flatteurs *qui ont* **LOUÉ LE VICE**, les critiques malins *qui ont* **TÂCHÉ DE FLÉTRIR** la plus pure vertu, enfin ceux *qui ont* **JUGÉ** témérairement des choses sans les connaître à fond, et *qui* par là *ont* **NUI** à la réputation des innocents.

XVI.

Le jour suivant nous n'entendîmes point parler de mes libérateurs : *ils furent occupés* de la recherche de l'Indien, dont ils étaient bien aises d'avoir des nouvelles à m'apprendre en me revoyant. Mais le surlendemain le fils du corrégidor revint au logis d'un air empressé. Madame, me dit-il, *vous êtes vengée* : l'audacieux *qui a* **VOULU** vous **ENLEVER** est en prison, aussi bien que les trois malheureux *qui ont* **PORTÉ** sur vous **LEURS MAINS** hardies. On va faire leur procès ; et vous verrez bientôt avec quel zèle *je* **VOUS** *ai* **SERVIE**. Je lui répondis qu'on ne pouvait être plus sensible que je l'étais au plaisir **QU'***il* m'*avait* **FAIT**, et que je souhaitais de trouver une occasion de le lui témoigner. L'*occasion est* toute *trouvée*, me répliqua-t-il : répondez aux sentiments QUE *vous* m'*avez* INSPIRÉS, et *je serai payé* avec usure de tout ce QUE *j'ai* FAIT pour vous.

XVII.

Vous tenez, dites-vous, vos richesses de vos ancêtres; mais n'est-ce pas par mille hasards que vos *ancêtres* LES *ont* ACQUISES, et qu'*ils* vous LES *ont* CONSERVÉES? Mille *autres*, aussi habiles qu'eux, ou n'*ont* pu en acquérir, ou LES *ont* PERDUES après LES *avoir* ACQUISES. Vous imaginez-vous aussi que ce soit par quelque voie naturelle que ces *biens ont* PASSÉ de vos ancêtres à vous? Cela n'est pas véritable.

XVIII.

La perte la plus irréparable fut celle de Périclès, qui, dans la troisième année de la guerre, mourut des suites de la maladie. Quelque temps auparavant, les *Athéniens*, aigris par l'excès de leurs maux, L'*avaient* DÉPOUILLÉ de son autorité, et CONDAMNÉ à une amende : ils venaient de reconnaître leur injustice, et *Périclès* LA LEUR *avait* PARDONNÉE, quoique dégoûté du commandement par la légèreté du peuple, et par la perte de sa famille et de la plupart de ses amis, QUE *la peste avait* ENLEVÉS.

XIX.

Vos illustres *parents* m'*ont* FAIT L'HONNEUR de me choisir pour vous donner les premiers principes de la langue française. Je vous LES *ai* PRÉSENTÉS, non sous l'appareil pédantesque dont l'*ignorance* **LES** *avait* **ENVELOPPÉS**, mais sous cette forme qui, en leur ôtant une sécheresse rebutante, leur fraie une voie plus sûre et plus aisée dans de jeunes esprits : c'est à cette attention que vous devez les progrès rapides **QUE** *vous* y *avez* **FAITS**. Vous connaissez maintenant, non seulement dans son mécanisme, mais même dans son génie, cette langue, une des plus belles, et en même temps une des plus difficiles de l'Europe. Mais *je* n'*ai* pas **BORNÉ** là **MES SOINS** : dans nos lectures, *j'ai* **TÂCHÉ DE DÉVELOPPER** les heureuses dispositions **QUE** *vous avez* **REÇUES** de la nature, en mettant sous vos yeux les plus parfaits modèles en tout genre, depuis la simplicité de La Fontaine et de Sévigné jusqu'au sublime de Corneille et de Bossuet, et en vous y montrant les beautés qui vous échappaient, ou celles que votre âge ne vous permettait pas d'y démêler. *Vos succès ont* **SURPASSÉ MON ATTENTE**, et j'ai la satisfaction de voir qu'il y a peu de personnes de votre âge et de votre rang qui joignent plus d'instruction à un goût plus délicat et plus sûr.

Lévizac.

XX.

M. de Buffon, parlant d'Aldrovande, dit :

Je le vois copier et faire copier toutes ces remarques, et les ranger par lettres alphabétiques, et après *avoir* **REMPLI PLUSIEURS PORTEFEUILLES** de notes de toute espèce prises souvent sans examen et sans choix, commencer à travailler un sujet particulier, et ne vouloir rien perdre de tout ce **QU'***il a* **RAMASSÉ**; en sorte qu'à l'occasion de l'histoire naturelle du coq et du bœuf, il vous raconte tout *ce qui a* jamais *été dit* des coqs et des bœufs, tout ce QUE *les anciens* en *ont* PENSÉ, tout ce QU'*on a* IMAGINÉ de leurs vertus, de leur caractère, de leur courage, toutes les choses auxquelles on *a* VOULU les EMPLOYER, tous les contes QUE les *bonnes femmes* en *ont* FAITS, tous les miracles QU'*on* leur *a* FAIT FAIRE (1) dans certaines religions, tous les sujets de superstition QU'*ils ont* FOURNIS, toutes les comparaisons QUE *les poètes* en *ont* TIRÉES, tous les attributs QUE *certains peuples* leur *ont* ACCORDÉS, toutes les représentations qu'on en a fait dans les hiéroglyphes, dans les armoiries, etc.

ARTICLE IV.

Participe accompagné du verbe ÊTRE *employé pour le verbe* AVOIR.

J'ai dit que le verbe pronominal est celui qui se conjugue dans tous ses temps avec deux pronoms de la même personne. Tous les verbes pronominaux, qu'ils soient actifs ou passifs, neutres, réfléchis ou réciproques, se conjuguent avec le verbe *être* dans les temps composés, comme, *je me suis fâché*, *tu t'es promené*, *il s'est sauvé*, etc.

Dans la plupart des verbes pronominaux, le verbe *être* est employé pour le verbe *avoir* : alors le participe ne s'accorde point avec le *sujet* ; mais il s'accorde avec le *régime direct* lorsque ce régime est avant le participe. Cette règle est absolument la même que celle de l'art. III.

(1) FAIT, suivi d'un infinitif, est toujours invariable.

EXEMPLES :

Participes variables, parceque les régimes sont avant les participes.

I.

Ma *sœur* S'*est* COUPÉE.

Coupée, au féminin singulier parceque le pronom SE, qui précède, est régime direct : *ma sœur a* COUPÉ ELLE.

II.

Mes *frères* SE *sont* IMPOSÉS volontairement à la somme de....

Imposés, au masculin pluriel parceque le pronom SE, qui précède, est régime direct : *mes frères ont* IMPOSÉ EUX.

III.

Mes *amis* SE *sont* PROPOSÉS pour remplir cette place.

Proposés, au masculin pluriel parceque le pronom SE, qui précède, est régime direct : *mes amis ont* PROPOSÉ EUX.

IV.

Nous NOUS *sommes* BLESSÉS en jouant.

Participes invariables, parceque les régimes sont après les participes.

I.

Ma *sœur* s'*est* COUPÉ LE DOIGT.

Coupé, invariable parceque le régime direct est après le participe : *ma sœur a* COUPÉ LE DOIGT *à elle*. Le pronom SE est régime indirect.

II.

Mes *frères* SE *sont* IMPOSÉ UNE TÂCHE bien difficile à remplir.

Imposé, invariable parceque le régime direct est après le participe : *mes frères ont* IMPOSÉ *à eux* UNE TÂCHE, etc. Le pronom SE est régime indirect.

III.

Mes *amis* SE *sont* PROPOSÉ DIFFÉRENTES QUESTIONS à résoudre.

Proposé, invariable parceque le régime direct est après le participe : *mes amis ont* PROPOSÉ *à eux* DIFFÉRENTES QUESTIONS. Le pronom SE est régime indirect.

IV.

Nous NOUS *sommes* DONNÉ UN RENDEZ-VOUS pour terminer cette affaire.

Blessés, au pluriel parceque le pronom *nous*, qui précède, est régime direct : *nous avons* BLESSÉ NOUS.

V.

Elles SE *sont* VUES.

Vues, au féminin pluriel parceque le pronom SE, qui précède, est régime direct : *Elles ont* VU ELLES.

Donné, invariable parceque le régime direct est après le participe : *nous avons* DONNÉ *à nous* UN RENDEZ-VOUS.

V.

Elles SE *sont* PARLÉ.

Parlé, invariable parcequ'il n'y a point de régime direct. Le pronom SE, qui précède, est régime indirect : *elles ont* PARLÉ *à elles*.

AUTRES EXEMPLES

Qui ont rapport à la même règle :

I.

Elle S'*est* TROUVÉE en danger de succomber ; mais, rappelant sa vertu, *elle s'est* REPROCHÉ SA FAIBLESSE.

1° *Trouvée* est au féminin et au singulier, parceque le pronom S' ou SE, qui précède, est régime direct ; c'est comme s'il y avait,

Elle a TROUVÉ ELLE *en danger.*

2° *Reproché* est invariable, parceque le pronom S' ou SE, qui précède, est régime indirect : c'est *faiblesse* qui est le régime direct, et il est après le participe ; c'est comme s'il y avait,

Elle a REPROCHÉ SA FAIBLESSE à elle.

Cette phrase suffit pour prouver que, dans les temps composés des verbes pronominaux où le verbe *être* est employé pour le verbe *avoir*, le participe ne s'accorde pas avec le sujet, mais qu'il s'accorde avec le régime direct lorsque ce régime est avant le participe ; puisque dans les deux membres de cette phrase le pronom ELLE, sujet, désigne la même personne, et que TROUVÉE est au féminin dans le premier, et REPROCHÉ au masculin dans le second.

II.

La reine S'*est* SAUVÉE de ces défauts, messieurs ; et *nous avons* VU dans sa conduite une DÉVOTION solide et selon les règles.

Sauvée est au féminin et au singulier, parceque le pronom SE, qui précède, est régime direct ; c'est comme s'il y avait,

La reine a SAUVÉ ELLE.

Or, le pronom SE tient la place de *reine*, substantif féminin singulier, et il est avant le participe ; c'est pourquoi il faut *sauvée*.

III.

Que diront ceux qui s'épuisent en folles dépenses, et se croient dans l'impuissance d'être charitables, parcequ'*ils* se *sont* IMPOSÉ LA NÉCESSITÉ d'être ambitieux et d'être superbes ?

Imposé est invariable, parceque le régime direct, *nécessité*, est après le participe ; c'est comme s'il y avait,

Ils ont IMPOSÉ à eux LA NÉCESSITÉ.

IV.

Par les ordres du général, dont *la sagesse a* TOUT

PRÉVU ; *des cavaliers* Se *sont* RÉPANDUS dans la campagne, et vont reconnaître le pays.

Répandus est au masculin et au pluriel, parceque le pronom SE, qui précède, et qui se rapporte à *cavaliers*, est régime direct; c'est comme s'il y avait,

Des cavaliers ont RÉPANDU EUX.

V.

C'est sur ce principe que sainte Thérèse voulut s'unir étroitement à Dieu par les vœux et par les promesses qu'elle lui fit. Jamais *vierge* chrétienne ne s'*est* DONNÉ TANT D'ENGAGEMENTS à la piété, et ne S'en *est* si fidèlement ACQUITTÉE.

1° *Donné* est invariable parceque le régime direct, *engagements*, est après le participe.

2° *Acquittée* est au féminin et au singulier, parceque le régime direct est avant le participe; ce régime, c'est le pronom SE, qui se rapporte à *vierge*. C'est comme s'il y avait,

Elle a DONNÉ à elle DES ENGAGEMENTS,

et

Elle a ACQUITTÉ ELLE de ces mêmes engagements.

VI.

Les choses sont venues à un état qui ne se peut plus soutenir; *tes femmes se sont* IMAGINÉ que ton départ leur laissait une impunité entière; il se passe ici des choses horribles; je tremble moi-même au cruel récit que je vais te faire.

Le participe *imaginé* est invariable, parceque le régime direct est après le participe. On ne peut pas dire,

Tes femmes ont IMAGINÉ ELLES;

mais on peut dire,

Tes femmes ont IMAGINÉ CELA, *que ton départ leur laissait une impunité entière.*

VII.

Ils se jetèrent avec beaucoup de courage, l'épée à la main, dans le corps-de-garde où *les Espagnols* S'*étaient* RETRANCHÉS.

Retranchés est au masculin et au pluriel, parceque le régime direct est avant le participe; et ce régime, c'est le pronom SE, qui se rapporte à *Espagnols.*

VIII.

Ils (Sylla et Mithridate) se réparèrent ensuite, après s'*être* DONNÉ réciproquement des MARQUES extérieures d'estime et d'amitié, si peu solides entre les grands, et surtout entre des ennemis nouvellement réconciliés.

Donné est invariable, parceque le régime direct, *des marques*, est après le participe.

Ils se séparèrent, non pas

Après *avoir* DONNÉ EUX;

mais,

Après *avoir* DONNÉ à eux DES MARQUES.

IX.

Sylla retourna le soir à sa maison, seul, et comme

un simple particulier, et sans que personne, parmi un si grand nombre d'ennemis QU'*il s'était* FAITS, osât lui manquer de respect.

Faits est au masculin et au pluriel, parcequ'il est précédé de son régime direct, le relatif *que*, pronom qui se rapporte à *ennemis*.

Les ennemis QU'*il s'était* FAITS,

signifie,

Les ennemis QU'*il avait* FAITS à lui.

X.

Les Étoliens, *qui s'étaient* IMAGINÉ qu'ils domineraient dans la Grèce, voyant qu'*ils n'avaient* FAIT que se donner des maîtres, furent au désespoir.

On ne peut pas dire,

Les Étoliens avaient IMAGINÉ EUX;

mais bien,

Les Étoliens avaient IMAGINÉ CELA, *qu'ils domineraient dans la Grèce.*

Le régime est après le participe, voilà pourquoi *imaginé* est invariable.

XI.

Sylla, aussi libéral envers ses amis que dur et inexorable envers ses ennemis, se faisait un plaisir de répandre à pleines mains les trésors de la république sur ceux *qui* S'*étaient* ATTACHÉS à sa fortune; mais aussi il en exigeait une dépendance entière.

Ce que j'ai dit sur les dix exemples précédents doit

suffire pour celui-ci et pour les suivants : *Point d'accord avec le sujet, lorsque le verbe* ÊTRE *est employé pour le verbe* AVOIR ; *accord avec le régime direct, lorsque ce régime est avant le participe.*

XII.

Votre *facilité* n'*a* SERVI qu'à nous attirer le mépris du peuple et à augmenter l'orgueil et l'insolence de ses tribuns : *Ils* se *sont* FAIT eux-mêmes **DES DROITS** nouveaux ; et ces magistrats modernes, qui devraient vivre comme de simples particuliers, convoquent aujourd'hui les assemblées du peuple, et à notre insu font recevoir des lois par le suffrage d'une vile populace.

XIII.

Alors ceux *qui* S'*étaient* ASSEMBLÉS juraient tous ensemble de défendre la république jusqu'à la dernière goutte de leur sang.

XIV.

Idoménée, avec Mentor, conduisait dans la campagne les rois alliés, et s'éloignait des murs de la ville : enfin ils se séparèrent après s'*être* DONNÉ de part et d'autre LES MARQUES d'une vraie amitié.

XV.

La nouvelle de cette défaite se répandit bientôt dans toute l'Italie. Les Romains *qui* S'*étaient* RÉFUGIÉS à Veïes, et tous ceux *qui* S'*étaient* DISPERSÉS dans les villages voisins, s'assemblèrent.

XVI.

Le sénat, de son côté, ne S'*était* pas OPPOSÉ à

L'établissement d'un tribunal *qui* L'*avait* DÉBARRASSÉ des harangues séditieuses des tribuns du peuple ; et *l'un* et *l'autre ordre* de la république S'*étaient* SACRIFIÉ mutuellement LEURS MAGISTRATS.

XVII.

C'était une république, et comme une *communauté formée* de plusieurs petites villes *qui s'étaient* UNIES par une ligue, et qui se gouvernaient par une assemblée des députés de chaque canton. *Cette nation* (*les Volsques*), voisine de Rome, et jalouse de son agrandissement, S'y *était* toujours OPPOSÉE avec beaucoup de courage; mais la guerre ne lui avait pas été heureuse.

XVIII.

Les patriciens et *ceux* qui avaient eu le plus de part au gouvernement, sous prétexte d'en prendre quelques cantons à cens et à rente, s'*étaient* APPROPRIÉ LE RESTE et ce qui était le plus à leur bienséance, et *ils* s'en *étaient* FAIT UNE ESPÈCE DE PATRIMOINE.

XIX.

Outre les sénateurs dont nous venons de parler, il y avait un grand nombre de chevaliers *qui* S'*étaient* ENGAGÉS dans la même conspiration.

XX.

Il leur représentait, tantôt en public et tantôt en particulier, que les *nobles*, non contents de posséder seuls des terres qui devaient être partagées également entre tous les citoyens, s'*étaient* encore APPROPRIÉ L'OR destiné à payer les Gaulois, et qui provenait de la contribution volontaire de tous ceux *qui* S'*étaient* ENFERMÉS dans le Capitole. Il ajoutait que ces mêmes *patriciens* S'*étaient* encore ENRICHIS du butin trouvé dans le camp de Brennus, et dont le prix seul suffisait pour acquitter toutes les dettes du peuple.

XXI.

Il est de notoriété publique que la *cour* de Berlin S'*est* ATTIRÉ les REPROCHES des principales cours de l'Allemagne.

XXII.

Dans un clin d'œil l'*élite* de nos guerriers fut *égorgée* et *la Messénie asservie*. Non, elle ne le fut pas : la *liberté* S'*était* RÉSERVÉ un ASILE sur le mont Ira.

XXIII.

Aucun citoyen de Porto-Rico n'était véritablement le maître du sol qu'il occupait : les *commandants qui s'étaient* SUCCÉDÉ n'en avaient jamais ACCORDÉ que l'USUFRUIT.

Succéder est un verbe neutre. On ne peut pas dire, *succéder quelqu'un*, *succéder quelque chose ;* on dit, *succéder à*. Le participe *succédé* est toujours invariable, parcequ'il ne peut avoir qu'un complément indirect. On trouve très-souvent ce participe au pluriel : c'est une faute.

XXIV.

La *bonté* de ces diverses institutions *est attestée* par leur durée ; la plupart, malgré les divers gouvernements *qui* se *sont* SUCCÉDÉ, subsistent encore.

REMARQUE.

Quand, dans un verbe pronominal, l'analyse ne permet pas de remplacer le verbe *être* par le verbe *avoir*, il faut faire accorder le participe avec le sujet du verbe.

Cette MAISON *s'est* VENDUE *bien cher* (1).

On ne peut pas dire, *cette maison a vendu elle bien cher ;* mais on peut dire, *cette maison a été vendue bien cher :* par conséquent accord avec le sujet *maison*.

Ma SOEUR *s'est* REPENTIE de sa faute (2).

Comme on ne peut pas dire, *ma sœur a repenti elle de sa faute*, il faut faire accorder le participe *repentie* avec le sujet *ma sœur*.

EXEMPLES

Qui ont rapport à cette remarque :

XXV.

Appius conclut qu'après tant de discours inutiles QUI *s'étaient* FAITS sur le même sujet, il n'y avait plus qu'un coup d'autorité qui pût réprimer les entreprises séditieuses des tribuns.

On ne peut pas dire,

Après tant de discours inutiles qui AVAIENT FAIT EUX ;

---

(1) Verbe pronominal *passif*. — (2) Verbe pronominal *neutre*.

mais on peut dire,

Après tant de discours inutiles QUI *avaient été* FAITS.

Alors le participe *faits* s'accorde avec le relatif *qui*, pronom qui se rapporte au substantif *discours.*

XXVI.

Vous ne le ferez pas assurément, et j'en réponds, tant que je verrai dans cette assemblée les vénérables magistrats qui ont eu tant de part à la réunion QUI *s'est* FAITE sur le mont sacré.

Dans cette phrase,

La réunion QUI *s'est* FAITE signifie *la réunion* QUI *a été* FAITE.

XXVII.

(*Théramène à Hippolyte.*)

Mais sa HAINE sur vous autrefois *attachée*,
Ou *s'est* ÉVANOUIE, ou *s'est* bien RELÂCHÉE.

RACINE. *Phèdre.*

XXVIII.

Jamais la GUERRE avec tant d'art
Ne *s'est* FAITE parmi les hommes,
Non pas même au siècle où nous sommes.

LA FONTAINE.

XXIX.

(*C'est Sylla qui parle.*)

J'ai paru devant les Romains, citoyen au milieu de mes concitoyens, et j'ai osé leur dire : Je suis prêt à rendre compte de tout le sang que j'ai versé pour la république ; je répondrai à tous ceux qui viendront me demander leur père, leur fils, ou leur frère : tous les ROMAINS *se sont* TUS devant moi.

Certes on ne peut pas dire,

Les Romains ont TU EUX.

Se sont tus est un verbe pronominal neutre dans lequel le verbe *être* n'est pas employé pour le verbe *avoir* : alors le participe *tus* s'accorde avec le sujet.

XXX.

Si tant de MÈRES *se sont* TUES,
Que ne vous taisez-vous aussi ?

LA FONTAINE.

Je conseille aux jeunes gens de ne pas passer trop légèrement sur cet article ; l'accord du participe, dans les verbes pronominaux, demande plus d'attention que l'accord du participe accompagné du verbe *avoir*, quoique ce soit la même règle.

ARTICLE V.

Participe précédé du régime direct, et suivi du sujet du verbe.

Quelques grammairiens veulent que le participe, quoique précédé de son régime direct, ne s'accorde pas avec le régime, lorsque le sujet du verbe est placé après le participe. Selon eux, il faut dire, *La justice* QUE *vous ont* RENDU *vos juges* ; *la leçon* QUE *vous ont* DONNÉ *vos maîtres*. Ils veulent que, dans ces deux phrases, *rendu* et *donné* soient invariables, parceque *vos juges*, sujet de *ont rendu*, et *vos maîtres*, sujet de *ont donné*, sont placés après les participes.

C'est à tort; il faut que le participe accompagné du verbe *avoir* prenne le genre et le nombre de son régime direct, lorsque ce régime est avant le participe : que le sujet du verbe soit avant ou après le participe, sa place n'influe en rien sur cet accord. D'après cela, il faut écrire, *La justice* QUE *vous ont* RENDUE *vos juges*, la leçon QUE *vous ont* DONNÉE *vos maîtres*, comme s'il y avait, *La justice* QUE *vos juges vous ont* RENDUE, *la leçon* que vos *maîtres vous ont* DONNÉE.

Mais les phrases suivantes demandent la plus grande attention, parceque, pour les personnes peu exercées, rien ne ressemble tant à un régime que le sujet d'un verbe placé après le verbe.

EXEMPLES

Qui ont rapport à cette remarque :

I.

On vit arriver aussitôt à Rome un grand nombre de ces peuples. Il était indifférent à Cassius qu'on reçût la loi ; et *il* ne L'*avait* **PROPOSÉE** que dans le dessein d'exciter une sédition, et de se pouvoir mettre à la tête d'un parti qui le rendît maître du gouvernement. La froideur QU'*avaient* **TÉMOIGNÉE** *les tribuns* déconcertait ses vues.

1° *Proposée* est au féminin et au singulier, parcequ'il est précédé de son régime direct, le pronom L', qui remplace le substantif *loi*.

2° *Témoignée* est au féminin et au singulier, parcequ'il est précédé de son régime direct, le relatif *que*, pronom qui se rapporte à *froideur*.

C'est comme s'il y avait,

La froideur QUE *les tribuns avaient* TÉMOIGNÉE.

Il est essentiel de bien se rappeler ce que j'ai dit page 53, que j'indique le sujet et l'auxiliaire par un caractère italique, et le participe et le régime direct par des lettres capitales.

II.

Les soldats avaient été attachés à la famille de César, qui était garante de tous les avantages QUE leur *avait* PROCURÉS *la révolution.*

Procurés est au masculin et au pluriel, parcequ'il est précédé de son régime direct, le relatif *que*, pronom qui se rapporte à *avantages*, substantif masculin pluriel. Le sujet, *révolution*, placé après le verbe, n'empêche point l'accord du participe avec le régime.

III.

Don Diègue de Miranda écoutait Don Quichotte avec plaisir, et se reprochait la mauvaise opinion QUE lui *avaient* DONNÉE de son bon sens *les premiers discours* QU'*il avait* TENUS.

IV.

L'expérience A JUSTIFIÉ SES SENTIMENTS; et il est vrai que le *roi* son fils n'*a* RIEN TROUVÉ de plus ferme dans son service que *ces catholiques* si *haïs*, si *persécutés*, QUE lui *avait* SAUVÉS *la reine sa mère.*

V.

Le comte de Caylus *avait* **RECUEILLI DES CHOSES** intéressantes dont il avait été le témoin, ou QU'*il avait* APPRISES de personnes dignes de foi; peut-être *a-t-il* **DU CETTE IDÉE** aux mémoires QU'*avait* **LAISSÉS** *sa mère* sous le titre modeste de Souvenirs.

VI.

Nous ajouterons à la description QUE *nous avons* **DONNÉE** des Groenlandais quelques *traits tirés* de la relation récente QU'en *a* **DONNÉE** *M. Crantz.*

VII.

C'est ordinairement la peine QUE s'*est* **DONNÉE** *un auteur* à limer et à perfectionner ses écrits, qui fait que le lecteur n'a point de peine en les lisant.

VIII.

Un de ces éléphants, grand penseur, bonne tête,
Voulut savoir un jour d'un de ses conducteurs
　　Ce qui lui valait tant d'honneurs,
Puisqu'au fond, comme un autre, il n'était qu'une bête.
Ah! répond le cornac, c'est trop d'humilité;
　　L'on connaît votre dignité,
Et toute l'Inde sait qu'au sortir de la vie,
Les ames des héros QU'*a* CHÉRIS *la patrie*
　　S'en vont habiter quelque temps
　　Dans les corps des éléphants blancs.

FLORIAN.

Chéris est au masculin et au pluriel, parcequ'il est précédé de son régime direct, le relatif *que*, pronom qui se rapporte à *héros*. C'est comme s'il y avait,

Les ames des héros QUE *la patrie a* **CHÉRIS**.

IX.

(*Monime à Arcas, qui lui présente du poison de la part de Mithridate.*)

Donnez; dites, Arcas, au roi qui me l'envoie,
Que de tous les présents QUE m'*a* FAITS *sa bonté*,
Je reçois le plus cher et le plus souhaité.

RACINE.

X.

(*Thésée à Hippolyte.*)

Fuis; et si tu ne veux qu'un châtiment soudain
T'ajoute aux scélérats QU'*a* PUNIS *cette main*,
Prends garde que jamais l'astre qui nous éclaire
Ne te voie en ces lieux mettre un pied téméraire.

RACINE.

XI.

Il ne peut rien offrir aux yeux de l'univers
Que de vieux parchemins QU'*ont* ÉPARGNÉS *les vers*.

BOILEAU.

XII.

Paris n'était point tel, en ces temps orageux,
Qu'il paraît en nos jours aux Français trop heureux.
Cent forts, QU'*avaient* BÂTIS *la fureur et la crainte*,
Dans un moins vaste espace enfermaient son enceinte.

Henriade.

Les poëtes se sont quelquefois écartés de cette règle, mais seulement quand la mesure ou la rime des vers les y a forcés.

On trouve dans *Cinna:*

Là, par un long récit de toutes les misères
QUE durant notre enfance *ont* ENDURÉ *nos pères*.

ACTE I, *scène* 5.

Et c'est à ce sujet que Voltaire dit, dans ses Commentaires sur Corneille :

« *Ont enduré* paraît une faute aux grammairiens ;
« ils voudraient les misères qu'ont *endurées* nos
« pères. Je ne suis point du tout de leur avis. Il serait
« ridicule de dire, les misères qu'ont *souffertes* nos
« pères, quoiqu'il faille dire, les misères que nos
« pères ont *souffertes*. S'il n'est pas permis à un poète
« de se servir en ce cas du participe absolu, il faut
« renoncer à faire des vers. »

ARTICLE VI.

Participe précédé du régime direct, et suivi d'un adjectif ou d'un substantif.

Les mêmes grammairiens veulent que le participe, quoique précédé de son régime direct, ne prenne ni genre ni nombre si ce participe est suivi d'un adjectif ou d'un substantif faisant partie du régime qui précède le participe. Selon eux, il faut écrire, *Elle s'est* RENDU *la maîtresse ; les ennemis se sont* RENDU *maîtres de la ville ; Adam et Ève que Dieu avait* CRÉÉ *innocents :* mais c'est encore à tort ; il faut, *rendue* dans le premier exemple, *rendus* dans le second, et *créés* dans le troisième.

EXEMPLES

Qui ont rapport à cette remarque :

I.

Il vint en diligence jour et nuit sur le bord de la mer, et passa par des chemins QU'*on avait* toujours CRUS absolument *impraticables*.

Crus est au masculin et au pluriel, parcequ'il est précédé de son régime direct, le relatif *que*, pronom qui se rapporte à *chemins* : l'adjectif *impraticables*, qui suit le participe *crus*, ne détruit point l'accord de ce participe avec son régime direct.

II.

En cet état, nous passâmes au milieu de leur flotte : ils poussèrent des cris de joie en nous voyant, comme en revoyant des compagnons QU'*ils avaient* CRUS *perdus*.

Crus est au masculin et au pluriel, parcequ'il est précédé de son régime direct, le relatif *que*, pronom qui se rapporte à *compagnons* : l'adjectif *perdus*, qui suit le participe *crus*, ne détruit point cet accord.

III.

La Grèce en ma faveur est trop inquiétée ;
De soins plus importants *je* L'*ai* CRUE *agitée*.

RACINE, *Andromaque*.

Crue est au féminin et au singulier, parcequ'il est précédé de son régime direct, le pronom L' ou LA, qui remplace *la Grèce* : l'adjectif *agité*, qui suit le participe *crue*, ne détruit point cet accord.

IV.

Il gagna la noblesse déjà presque demi séduite : il fit des siéges, donna des combats, prit des villes ; et prodigua son sang et sa vie pour assurer au roi cette province, QUE *sa situation et les conjectures du temps avaient* RENDUE *très-importante*.

Rendue est au féminin et au singulier, parcequ'il est précédé de son régime direct, le relatif *que*, pronom qui se rapporte à *province* : l'adjectif *importante*, qui suit le participe *rendue*, ne détruit point cet accord.

V.

D'où vient, disais-je à Narbal, que *les Phéniciens* **SE** *sont* **RENDUS** *les maîtres* du commerce de toute la terre, et qu'ils s'enrichissent ainsi aux dépens de tous les autres peuples?

Rendus est au masculin et au pluriel, parcequ'il est précédé de son régime direct, le pronom SE, qui se rapporte à *Phéniciens* : *ils ont* RENDU EUX *les maîtres du commerce.*

VI.

(*Phèdre, parlant de l'épée d'Hippolyte*).

Hélas! quand son épée allait chercher mon sein,
A-t-il PÂLI pour moi? me L'*a-t-il* ARRACHÉE?
Il suffit que *ma main* L'*ait* une fois TOUCHÉE,
Je L'*ai* RENDUE *horrible* à ses yeux inhumains;
Et ce fer malheureux profanerait ses mains.

RACINE.

Rendue est au féminin et au singulier, parcequ'il est précédé de son régime direct, le pronom L' ou LA qui remplace le substantif *épée* : l'adjectif *horrible*, qui suit le participe *rendu*, ne détruit point cet accord.

VII.

Lorsque le cœur des rois est dans leurs mains, et que Dieu, par un secret jugement de sa providence ou de sa justice, les abandonne à eux-mêmes, hélas!

enivrés de leur propre grandeur, ils oublient celui *qui* LES *a* FAITS *grands*.

Faits est au masculin et au pluriel, parcequ'il est précédé de son régime direct, le pronom LES, qui remplace le substantif *rois*.

VIII.

(*C'est la queue du serpent qui parle.*)

On M'*a* FAITE, Dieu merci,
Sa sœur, et non sa suivante.

LA FONTAINE, *livre VII, fable 17.*

IX.

Je te plains de n'être qu'un méchant idolâtre. Ma *mère* M'*a* FAITE *chrétienne*; je me nomme Atala, fille de Simaghan aux bracelets d'or, et chef des guerriers de cette troupe.

X.

Dorval, tous les jours je parle au Ciel de Rosalie et de toi. Je lui rends grace de VOUS *avoir* CONSERVÉS jusqu'à mon retour, mais surtout de VOUS *avoir* CONSERVÉS *innocents*.

XI.

Elle considère que si elle est juste, c'est Dieu *qui* L'*a* FAITE *telle* continuellement. Saint Augustin ne veut pas qu'on dise que *Dieu* NOUS a FAITS *justes*; mais il dit qu'il nous fait justes à chaque moment.

XII.

Combien de fois a-t-elle en ce lieu remercié Dieu

humblement de deux grandes graces : l'une, de L'*avoir* FAITE *chrétienne;* l'autre, messieurs, qu'attendez-vous? peut-être d'avoir rétabli les affaires du roi son fils? non; c'est de L'*avoir* FAITE *reine malheureuse.*

REMARQUES

Sur les exemples de cet article.

Plusieurs savants condamnent l'accord du participe dans les exemples que je viens de rapporter. Ils disent, par exemple, que dans cette phrase, en parlant d'une ville,

Le commerce L'*a* RENDUE *florissante*,

rendue doit être invariable, et voici leur raison :

Ils disent que le commerce n'ayant point reçu la ville, ne l'ayant point empruntée, il n'a pu la rendre; mais qu'il a pu la rendre florissante, et que par conséquent on doit écrire,

Le commerce L'*a* RENDU *florissante.*

Je conviens que, dans cette phrase et autres semblables, le verbe *rendre* ne signifie pas *remettre, restituer;* qu'il est employé dans le sens de *faire devenir*: mais je ne connais point de règle de grammaire qui dise que *rendu*, participe du verbe *rendre*, employé pour *faire devenir*, soit un mot invariable.

Mais ce qu'il y a de plus étonnant, c'est que ces mêmes savants approuvent l'accord du participe dans les phrases suivantes :

1° *De là vient que ceux qui avaient été* RENDUS *chrétiens par le baptême*, etc. PASCAL.

2° *La* TERRE *accessible partout, partout* RENDUE *aussi vivante que féconde*, etc. BUFFON.

J'ignore si c'est chez moi ou chez ces messieurs qu'il y a défaut de logique ; mais il me semble que celui qui écrit,

Ces hommes ont été RENDUS *chrétiens par le baptême*,

doit écrire,

Cette ville a été RENDUE *florissante par le commerce;*

et que par conséquent il doit écrire aussi,

Le baptême LES *a* RENDUS *chrétiens;*
Le commerce L'*a* RENDUE *florissante.*

Ce n'est pas tout : les mêmes savants condamnent l'accord du participe dans cette phrase,

Ses parents L'*ont* FAITE *religieuse ;*

et voici leur raison :

La personne est faite, lorsqu'on la fait religieuse ; ce n'est pas elle que l'on fait, c'est religieuse que l'on fait elle, sa personne.

Mais ce qu'il y a de bien étonnant encore, c'est qu'ils approuvent l'accord du participe dans les phrases suivantes, qui sont de VERTOT :

1° *Ces peuples qui venaient d'être* FAITS *citoyens de Rome.*

2° *Les Carthaginois perdirent vingt mille hommes qui furent* FAITS *prisonniers.*

Certes, les peuples sont faits lorsqu'on les fait citoyens de Rome ;

Les vingt mille hommes sont faits, lorsqu'on les fait prisonniers.

De là je conclus que celui qui écrit,

Ces peuples qui venaient d'être FAITS *citoyens de Rome*,

Vingt mille hommes furent FAITS *prisonniers*,

doit écrire,

Cette femme venait d'être FAITE, *fut* FAITE, ou *a été* FAITE *religieuse;*

et par conséquent il doit écrire aussi,

On LES *a* FAITS *citoyens de Rome; on* LES *a* FAITS *prisonniers; ses parents* L'*ont* FAITE *religieuse.*

CHAPITRE III.

Remarques particulières sur le participe accompagné du verbe AVOIR, *ou du verbe* ÊTRE *employé pour le verbe* AVOIR.

Cette règle qui dit que le participe accompagné du verbe *avoir*, ou du verbe *être* employé pour le verbe *avoir*, s'accorde toujours avec son *régime direct*, lorsque ce régime est avant le participe; cette règle, dis-je, quoique générale, mérite une attention particulière, parcequ'il arrive fort souvent que le régime qui précède le participe n'est pas régime de ce participe, mais qu'il l'est d'un autre verbe qui suit le participe, ou qui est sous-entendu.

Ire REMARQUE.

Le participe passé, quel que soit l'auxiliaire qui

l'accompagne, ne prend ni genre ni nombre quand le participe et le verbe auxquels il est joint sont employés impersonnellement (1). On doit écrire,

IL EST ARRIVÉ de grands malheurs;

IL s'EST GLISSÉ une faute dans votre ouvrage;

mais on écrit,

De grands malheurs sont ARRIVÉS ;

Une faute s'est GLISSÉE dans votre ouvrage ;

en supprimant le mot *il*, qui rendait les verbes *arriver* et *glisser* impersonnels dans les premières phrases.

On écrit aussi :

Les chaleurs qu'IL A FAIT cet été m'ont incommodé.

Les pertes qu'IL Y A EU ne sont pas irréparables.

EXEMPLES

Qui ont rapport à cette remarque :

I.

Nous avons VU plus haut que, comme IL ne s'*était* pas PRÉSENTÉ un assez grand nombre de citoyens romains pour remplir cette colonie, *on* y *avait* SUPPLÉÉ par des *gens ramassés* de différents endroits, Latins, Herniques, et Toscans : IL *s'y était* même GLISSÉ des Volsques. *Ces aventuriers*, en plus grand nombre que les Romains, S'*étaient* RENDUS les plus puissants dans les conseils.

1° *Vu* est invariable, parceque le régime direct est

---

(1) Le verbe et le participe sont employés impersonnellement lorsque le mot *il* ne remplace aucun mot exprimé dans la phrase.

après le participe. *Nous avons vu quoi? — Cela, que comme il ne s'était pas présenté un assez grand nombre de citoyens romains, on y avait suppléé*, etc.

2° *Présenté* est invariable, parceque ce participe et l'auxiliaire qui l'accompagnent sont employés impersonnellement : le pronom *il* qui précède ne remplace aucun nom.

3° *Suppléé* est invariable, parceque ce participe n'a point de régime direct.

4° *Ramassés* est un adjectif verbal qui s'accorde avec *gens*.

5° *Glissé* est invariable, parceque ce participe et l'auxiliaire qui l'accompagne sont employés impersonnellement, comme *présenté*.

6° *Rendus* est au masculin et au pluriel, parcequ'il est précédé de son régime direct, le pronom S', qui remplace le substantif *aventuriers* : l'adjectif *puissants*, qui suit le participe *rendus*, ne détruit point cet accord.

II.

Lorsque *le gouvernement fut devenu* monarchique, cela subsista contre les principes de la monarchie : on laissait cet abus à cause des inconvénients qu'IL y *aurait* EU à le changer.

1° *Devenu*, participe accompagné du verbe *être*, s'accorde avec *gouvernement*, sujet du verbe.

2° *Eu* est invariable, parcequ'il est employé impersonnellement.

IIe REMARQUE.

Quand le participe est suivi d'un verbe à l'infinitif, il faut examiner avec la plus grande attention si le régime qui précède le participe est régime de ce participe ou de l'infinitif qui suit le participe.

Le participe suivi d'un infinitif peut se présenter de trois manières différentes :

1° Il est possible que le participe soit un verbe actif, et l'infinitif un verbe neutre ;

2° Il est possible que le participe soit un verbe neutre, et l'infinitif un verbe actif ;

3° Il est possible que le participe soit un verbe actif, et l'infinitif un verbe actif.

PREMIER CAS.

Si le participe est actif et l'infinitif neutre, le régime qui précède appartient de droit au participe : alors le participe s'accorde avec le régime.

EXEMPLES :

Les courriers QUE j'ai VUS *arriver*.
La femme QUE j'ai VUE *mourir*.
Les arbres QUE j'ai ENTENDUS *tomber*.
Les soldats QU'on a FORCÉS de *partir*.
Les habitants QU'on a CONTRAINTS de *sortir*.
La personne QUE j'ai ENTENDUE *parler*.
Les enfants QUE j'ai VUS *naître*.
Les coupables QU'on a CONDAMNÉS *à mourir*.

DEUXIÈME CAS.

Si le participe est neutre et l'infinitif actif, le régime appartient de droit à l'infinitif : alors le participe est invariable.

EXEMPLES :

Voilà les paroles QUE j'ai PU ENTENDRE.

Les fautes QUE j'ai TÂCHÉ de CORRIGER.

La maison QUE vous avez PARLÉ d'ACHETER.

Les portes QUE vous avez COURU FERMER.

Voilà les livres QUE vous avez PARU DÉSIRER.

TROISIÈME CAS.

Si les deux verbes sont actifs, il faut examiner avec attention si le régime appartient au participe ou à l'infinitif.

EXEMPLE :

Voilà les vices que j'ai RÉSOLU d'ÉVITER.

Dans cette phrase, *résolu* est le participe d'un verbe actif, et *éviter* est aussi un verbe actif : auquel des deux verbes appartient donc le régime QUE, pronom relatif qui se rapporte à *vices?*

Pour résoudre ce problème, il faut faire cette question,

J'ai résolu qui ou *quoi?*

et la réponse à cette question indiquera le régime du participe. Or, comme on ne peut pas dire, *j'ai résolu les vices*, il est certain que le relatif *que*, qui se rapporte à *vices*, n'est pas le régime de *résolu.*

Mais j'ai résolu quelque chose... *J'ai résolu quoi?* — *D'éviter.* — *D'éviter quoi?* — *Les vices.* Donc *éviter* est le régime de *résolu; vices* est le régime d'*éviter :* le régime de *résolu* est après ce participe ; c'est pourquoi *résolu* est invariable.

Quoique le sens de la phrase soit le plus sûr guide pour découvrir si le régime placé avant un participe appartient à ce participe ou à l'infinitif qui suit le participe, voici quelques règles qui pourront faciliter cette recherche.

Ire Règle. Si l'on peut mettre immédiatement après le participe le substantif dont le régime pronom tient la place, ce pronom sera le régime du participe; dans le cas contraire, il sera le régime de l'infinitif.

EXEMPLE :

Je connais l'actrice QUE j'ai ENTENDUE *chanter*.

Comme on peut mettre le substantif *actrice* immédiatement après le participe *entendue*, et dire, *j'ai entendu l'actrice chanter*, le relatif *que*, qui se rapporte à *actrice*, est le régime du participe *entendue*; c'est pourquoi ce participe est au féminin et au singulier.

IIe Règle. Toutes les fois que le participe est suivi d'un infinitif, et que cet infinitif peut être remplacé par le participe présent du même verbe, le régime qui précède le participe est régime du participe; dans le cas contraire, le régime est régime de l'infinitif.

EXEMPLE :

Je connais l'actrice QUE j'ai ENTENDUE *chanter*.

Comme on peut dire, *l'actrice que j'ai entendue* CHANTANT, le relatif *que*, est régime du participe *entendue*; c'est pourquoi ce participe est au féminin et au singulier.

IIIe Règle. Lorsque le participe est suivi d'un infinitif, et que du régime qui précède le participe on peut faire le sujet du second verbe, ce régime est régime du participe; dans le cas contraire, le régime est régime de l'infinitif.

EXEMPLE :

Je connais l'actrice QUE j'ai ENTENDUE *chanter*.

Comme du substantif *actrice* on peut faire le sujet de *chanter*, et dire, *l'actrice* CHANTAIT, *je* L'*ai* ENTENDUE ; le relatif *que*, qui se rapporte à *actrice*, est le régime du participe *entendue*.

Et cette phrase,

L'ariette QUE j'ai ENTENDU CHANTER,

est correcte, parcequ'on ne peut appliquer à cette phrase aucune des trois règles ci-dessus.

1° On ne peut pas mettre le substantif *ariette* immédiatement après le participe *entendu*, et dire, *j'ai entendu l'ariette chanter;* mais on peut dire, *j'ai entendu quelqu'un chanter l'ariette :* donc le relatif *que*, qui se rapporte à *ariette*, est le régime de *chanter*, et non de *entendu ;* c'est pourquoi ce participe est invariable.

2° On ne peut pas remplacer l'infinitif *chanter* par le participe présent *chantant*, et dire, l'*ariette que j'ai entendu chantant :* nouvelle preuve que le relatif *que* est le régime de *chanter*, et non de *entendu*.

3° On ne peut pas faire du substantif *ariette* le sujet du second verbe, et dire, *l'ariette* CHANTAIT : autre preuve que le relatif *que*, qui remplace *ariette*, est le régime du second verbe, et non de *entendu*.

Il arrive souvent que le même participe, suivi du même infinitif, peut exprimer deux idées bien différentes ; mais si l'on veut se bien pénétrer des règles que je viens de donner, toutes les difficultés seront bientôt levées. En effet, en parlant d'une femme, on peut dire qu'on l'a vue faisant un portrait, ou bien qu'on a vu faire son portrait. Dans le premier cas, il faut écrire *je* L'*ai* VUE *peindre*, c'est-à-dire PEIGNANT, faisant l'action de peindre; et dans le second, il faut écrire, *je* L'*ai vu* PEINDRE, c'est-à-dire, *j'ai vu peindre elle, j'ai vu qu'on la peignait.*

Phrases où le régime est régime du participe.	*Phrases où le régime est régime de l'infinitif.*
L'actrice QUE j'ai ENTENDUE *chanter*, c'est-à-dire *chantant*, *qui chantait.*	L'ariette QUE j'ai *entendu* CHANTER, c'est-à-dire *j'ai entendu chanter l'ariette.*
La femme QUE j'ai VUE *peindre*, c'est-à-dire *peignant*, *qui peignait*; j'ai *vu elle* peindre.	La femme QUE j'ai *vu* PEINDRE, c'est-à-dire, *j'ai vu peindre elle*, *une femme.*
Les comédiens QUE j'ai VUS *jouer*, c'est-à-dire *jouant*; j'ai *vu les comédiens* qui jouaient.	Les tragédies QUE j'ai *vu* JOUER, c'est-à-dire, j'ai *vu jouer des tragédies* : les tragédies ne jouaient pas, mais elles étaient jouées.
Les courriers QUE j'ai VUS *arriver*, c'est-à-dire *arrivant*; j'ai *vu eux*, les courriers qui arrivaient.	Les sommes QUE j'ai *vu* COMPTER, c'est-à-dire, *j'ai vu compter des sommes* : les sommes ne comptaient pas, mais on les comptait.
Les écoliers QUE j'ai VUS *écrire*, c'est-à-dire *écrivant*; j'ai vu *eux* qui écrivaient.	Les lettres QUE j'ai *vu* ÉCRIRE, c'est-à-dire, *j'ai vu écrire des lettres.*
Les femmes QUE j'ai VUES *pêcher*, c'est-à-dire *pêchant*, ou qui pêchaient.	Les femmes QUE j'ai *vu* REPÊCHER, c'est-à-dire, *j'ai vu repêcher des femmes.*
Les ouvriers QUE j'ai VUS *travailler*, c'est-à-dire *travaillant*, ou qui travaillaient.	Les preuves QUE vous avez *dû* DONNER, c'est-à-dire, *vous avez dû donner des preuves.*
La personne que j'ai VUE	La place QU'on avait *promis*

passer ou *entrer*, c'est-à-dire *passant* ou *entrant*.

Les enfants QUE j'ai ENTENDUS *lire*, c'est-à-dire, j'ai *entendu eux, les enfants* qui lisaient.

de vous DONNER, c'est-à-dire, *on avait promis de vous donner une place.*

Les journaux QUE j'ai *entendu* LIRE, c'est-à-dire, *j'ai entendu lire les journaux.*

D'après les exemples ci-dessus, on doit écrire ;

Je lui ai rendu tous les services QUE *j'ai* PU ;
Il m'a donné toutes les raisons QU'*il a* VOULU ;
Il nous a fait toutes les politesses QU'*il a* DU ;

parceque le relatif *que*, régime dans les trois phrases, n'est pas le régime des participes *pu*, *voulu*, *dû* ; c'est le régime des infinitifs *rendre, donner, faire,* sous-entendus après les participes. C'est comme s'il y avait, *je lui ai rendu tous les services* QUE *j'ai* PU *lui* RENDRE ; — *il m'a donné toutes les raisons* QU'*il a* VOULU *me* DONNER ; — *il nous a fait toutes les politesses* QU'*il a* DÛ *nous* FAIRE.

EXEMPLES

Qui ont rapport à cette IIe *remarque :*

I.

Il est vrai qu'entraîné par le torrent, il se trouva malgré lui hors de la route que sa sagesse et sa raison lui faisaient tenir, et QU'*il avait* RÉSOLU de SUIVRE.

Dans cette phrase, *résolu* est invariable, parceque le relatif *que*, pronom qui se rapporte à *route*, n'est pas le régime du participe *résolu* ; il est régime de l'infinitif *suivre*. On ne peut pas dire,

Il avait RÉSOLU LA ROUTE *de suivre* ;

mais on peut dire,

Il avait RÉSOLU DE SUIVRE *la route.*

On voit que c'est l'infinitif *suivre* qui est le régime de *résolu*; c'est pourquoi ce participe est invariable.

II.

Voilà les ennemis QUE *la reine a* EUS à COMBATTRE, et QUE ni *sa prudence*, ni *sa douceur*, ni *sa fermeté*, n'*ont* PU VAINCRE.

1° *Eus* est au masculin et au pluriel, parceque le relatif *que*, pronom qui se rapporte à *ennemis*, et qui précède ce participe, en est le régime direct. *La reine a* EU DES ENNEMIS *à combattre* (1).

2° *Pu* est invariable parceque c'est le participe d'un verbe neutre; ce participe ne peut avoir pour régime qu'un verbe à l'infinitif, exprimé ou sous-entendu. Le relatif *que*, pronom qui se rapporte à *ennemis*, et qui précède le participe *pu*, n'est point le régime de ce participe; c'est le régime de l'infinitif *vaincre*.

III.

Il cherche les lieux les plus sombres pour se cacher aux autres morts, ne pouvant se cacher à lui-même; il cherche les ténèbres et ne peut les trouver: une lumière importune le suit partout; partout les rayons perçants de la vérité vont venger la vérité, QU'*il a* NÉGLIGÉ de SUIVRE.

(1) On doit écrire de même : *La leçon* QUE *je vous ai* DONNÉE *à* ÉTUDIER. *Les livres* QUE *j'ai* PORTÉS *à* RELIER. *Les fautes* QUE *j'ai* DONNÉES *à* CORRIGER. *Les comptes* QUE *j'ai* EUS *à* RÉGLER.

Dans cette phrase, *négligé* est invariable, parceque le relatif *que*, pronom qui se rapporte à *vérité*, et qui précède ce participe, est le régime direct de l'infinitif *suivre*.

On ne peut pas dire,

Il a NÉGLIGÉ LA VÉRITÉ *de suivre ;*

mais on peut dire,

Il a NÉGLIGÉ DE SUIVRE *la vérité*.

IV.

On voyait plusieurs de ces rois sévèrement punis, non pour les maux QU'*ils avaient* FAITS, mais pour les biens QU'*ils auraient* DÛ FAIRE.

Dans cette phrase, *dû* est invariable, parceque le relatif *que*, pronom qui se rapporte à *biens*, et qui précède ce participe, est le régime direct de l'infinitif *faire*, et non du participe *dû*. La phrase ne dit pas,

Ils auraient DÛ DES BIENS *faire ;*

mais elle dit,

Ils auraient DÛ FAIRE *des biens*.

V.

Cette jeune plante, ainsi arrosée des eaux du ciel, ne fut pas long-temps sans porter du fruit. On vit croître en cette admirable fille tant de louables habitudes, aussitôt qu'*on* LES *eut* VUES NAÎTRE.

Dans cette phrase, *vues* est le participe d'un verbe actif, et *naître* est l'infinitif d'un verbe neutre ; un verbe neutre n'a point de régime direct : or le pronom LES, qui remplace le substantif féminin pluriel *habi-*

tudes, est régime du participe *vues ;* c'est pourquoi il est au féminin et au pluriel.

VI.

Les parques ont ACCOURCI LE FIL de ses jours, et il a été comme une fleur à peine éclose que le tranchant de la charrue coupe, et qui tombe avant la fin du jour où *on* L'*avait* VUE NAÎTRE.

Dans cette phrase, *vue* est au féminin et au singulier, parcequ'il est précédé de son régime direct, le pronom L', qui remplace le substantif féminin singulier *fleur* : *naître* est un verbe neutre qui n'a point de régime direct.

VII.

Dès qu'elle parle, tout le monde se tait, et elle en rougit : peu s'en faut qu'elle ne supprime ce QU'*elle a* VOULU DIRE, quand elle aperçoit qu'on l'écoute si attentivement. A peine L'*avons-nous* ENTENDUE PARLER.

1° *Voulu* est invariable, parceque le relatif *que*, régime direct placé avant ce participe, n'en est pas le régime ; c'est le régime de l'infinitif *dire ;* et c'est cet infinitif qui est le régime du participe *voulu*.

2° *Entendue* est au féminin et au singulier, parcequ'il est précédé de son régime direct, le pronom L', qui remplace la personne dont on parle : *parler* est un verbe neutre, qui n'a point de régime direct.

Le verbe *parler* n'est actif que lorsqu'on dit, *parler une langue*.

VIII.

(*Saint-Preux à Julie.*)

Les soins d'une tendre mère, d'un père dont vous êtes l'unique espoir, l'amitié d'une cousine qui semble ne respirer que par vous, toute une famille dont vous êtes l'ornement, une ville entière fière de **VOUS** *avoir* **VUE** NAÎTRE ; tout occupe et partage votre sensibilité.

Dans cette phrase, *vue* est au féminin et au singulier, parcequ'il est précédé de son régime direct, le pronom **VOUS**, qui remplace *Julie*, à qui l'on parle : *naître* est un verbe neutre qui n'a point de régime direct.

IX.

Tancrède arrive auprès de Godefroy; et, après *avoir* **RECUEILLI SES ESPRITS** : Seigneur, lui dit-il, je viens te confirmer des prodiges QUE *tu* n'*as* pas **VOULU** CROIRE, et qui en effet sont incroyables : ce bruit horrible, ces spectres effrayants, tout est réel.

Dans cette phrase, *voulu* est invariable, parceque le relatif *que,* pronom qui se rapporte à *prodiges*, n'est pas le régime de ce participe; c'est le régime direct de l'infinitif *croire*. Le sens de la phrase n'est pas,

Tu n'as pas VOULU DES PRODIGES *croire*.

c'est,

Tu n'as pas VOULU CROIRE *des prodiges*.

X.

Je ne révèle pas même ici tant de grandes actions

QU'*elle a* TÂCHÉ de RENDRE secrètes. Je révère encore après sa mort l'humilité *qui* LES *a* CACHÉES ; je les laisse sous les voiles QU'*elle avait* TIRÉS pour les couvrir, et je consens qu'*elles soient perdues*.

Dans la phrase ci-dessus, *tâché* est invariable, parceque c'est le participe d'un verbe neutre : elle n'a pas *tâché les grandes actions ;* mais elle a *tâché de rendre* les grandes actions secrètes. Par conséquent le relatif *que,* qui se rapporte à *actions*, est le régime direct de l'infinitif *rendre*, et non du participe *tâché*.

XI.

N'oubliez pas, mon fils, tous les soins QUE *j'ai* PRIS pendant votre enfance pour vous rendre sage et courageux comme votre père. Ne faites rien qui ne soit digne de ses grands exemples, et des maximes de vertu QUE *j'ai* TÂCHÉ de vous INSPIRER.

Dans cette phrase, *tâché* est invariable. Voyez ce que j'ai dit du même participe dans la phrase précédente.

XII.

(*Métellus à Sylla.*)

Nous ne te demandons pas que tu pardonnes à ceux QUE *tu as* RÉSOLU de FAIRE MOURIR ; mais délivre-nous d'une incertitude pire que la mort, et du moins apprends-nous ceux que tu veux sauver.

Résolu est invariable parceque le relatif *que*, pronom qui se rapporte à *ceux*, est le régime direct de *faire mourir*, et non du participe *résolu*.

La phrase ne dit pas,

Tu as RÉSOLU DES HOMMES de *faire mourir* ;

mais elle dit,

Tu as RÉSOLU DE FAIRE MOURIR *des hommes.*

XIII.

La guerre ne se faisait pas comme *nous* L'*avons* VU FAIRE du temps de Louis XIV; les armées n'étaient pas si nombreuses; *aucun général*, depuis le siége de Metz par Charles-Quint, ne S'*était* VU à la tête de cinquante mille hommes.

Dans cette phrase,

Nous L'avons VU FAIRE,

vu est invariable, parceque le pronom L', qui remplace le substantif *guerre*, est le régime direct de *faire*, et non celui de *vu*. *Nous avons* VU FAIRE *la guerre*, et non, *nous avons* VU LA GUERRE *faire*.

XIV.

Le duc de Lerme, quoique *vous* lui *fussiez* fort *attaché*, vous laissa languir plusieurs mois sans vous faire présent d'une pistole; et le *comte* vous *a* déjà FAIT UNE GRATIFICATION QUE *vous* n'*auriez* OSÉ ESPÉRER qu'après de longs services.

Osé est invariable, parceque le relatif *que*, pronom qui se rapporte à *gratification*, est le régime direct de l'infinitif *espérer*, et non celui du participe *osé*. C'est *espérer* qui est le régime de *osé*.

XV.

(*Sancho à Don Quichotte.*)

Monsieur, cette comparaison est bonne; mais elle

n'est pas de vous : *je* L'*ai* ENTENDU FAIRE à notre curé, qui disait encore qu'au jeu des échecs, toutes les différentes pièces, après S'*être* PROMENÉES pendant la partie, *finissaient* (1) par aller se coucher pêle-mêle dans la boîte; ce qui, ce me semble, peint aussi bien ce que nous faisons sur cette pauvre terre.

Entendu est invariable, parceque le pronom L', qui remplace le substantif *comparaison*, est le régime direct de *faire*, et non celui de *entendu*.

La phrase ne dit pas,

J'ai ENTENDU LA COMPARAISON *faire;*

mais elle dit,

J'ai ENTENDU FAIRE *la comparaison.*

Promenées est au féminin et au pluriel, parcequ'il est précédé de son régime direct, le pronom S', qui remplace le substantif *pièces*.

XVI.

Les Romains, ravis d'humilier les rois de Syrie, accordèrent aux Juifs leur protection; et *l'alliance* QUE *Judas avait* ENVOYÉ leur DEMANDER *fut accordée*, sans aucun secours toutefois : mais la gloire du nom romain ne laissait pas d'être un grand support au peuple affligé.

Dans cette phrase, *envoyé* est invariable, parceque le relatif *que*, pronom qui se rapporte à *alliance*, est

(1) Florian aurait dû mettre *finissent* au lieu de *finissaient* : il s'agit d'une chose habituelle, et non d'une chose passagère, accidentelle.

le régime direct de l'infinitif *demander*, et non celui du participe *envoyé*.

Judas avait ENVOYÉ QUELQU'UN DEMANDER L'ALLIANCE.

Et comme ce mot *quelqu'un*, ou un équivalent, régime du participe *envoyé*, est sous-entendu, le participe est et doit être invariable.

XVII.

L'éruption du Vésuve est un de ces spectacles que ni le pinceau ni la parole ne sauraient reproduire, et QUE la nature semble *s'être* RÉSERVÉ de MONTRER seule à l'admiration de l'homme, comme le lever du soleil, comme l'immensité des mers.

Dans cette phrase, *réservé* est invariable, parceque :

1° Le relatif *que*, pronom qui précède et qui se rapporte à *spectacles*, est le régime de l'infinitif *montrer*, et non celui du participe *réservé*.

2° Le pronom S', qui se rapporte au substantif *nature*, n'est que le régime indirect du participe *réservé*.

Sens de la phrase :

La nature semble avoir RÉSERVÉ *à elle* CELA... Mais quoi ? — *De montrer ces spectacles à l'admiration de l'homme*.

XVIII.

La Fontaine éprouva, d'une manière fâcheuse, les effets de ce changement pour sa réception à l'Académie, la seule chose QU'*il ait* DÉSIRÉ OBTENIR, et à la réussite de laquelle *il ait* TRAVAILLÉ avec constance.

Désiré est invariable, parceque le relatif *que*, régime qui précède, est régime de l'infinitif *obtenir*.

Travaillé est invariable, parceque c'est un participe sans régime direct.

XIX.

L'empire s'écroula de tous côtés, et ses plus belles provinces devinrent la proie des nations QU'*il* n'*avait* jamais CESSÉ d'AVILIR ou d'OPPRIMER.

Le relatif *que*, qui se rapporte à *nations*, est régime direct des infinitifs *avilir, opprimer;* c'est pourquoi *cessé* est invariable.

XX.

Nous sommes restés plus d'un mois dans cet affreux pays, sans pouvoir nous procurer la millième partie des objets QUE *nous avions* COMPTÉ y RECUEILLIR.

Compté est invariable, parceque le relatif *que*, qui précède, et qui se rapporte à *objets*, est régime direct de *recueillir*.

XXI.

La vérité, QU'*ils ont* CRAINT de VOIR, fait leur supplice; ils la voient, et n'ont des yeux que pour la voir s'élever contre eux.

Craint est invariable, parceque le relatif *que*, qui précède, et qui se rapporte à *vérité*, est régime direct de *voir*.

XXII.

Elle remplit de ses gémissements les bois et les

montagnes qui sont auprès du fleuve; elle noya ses yeux de larmes, arracha ses beaux cheveux blonds, oublia les guirlandes QU'*elle avait* ACCOUTUMÉ de CUEILLIR, et accusa le Ciel d'injustice.

Accoutumé est invariable, parceque le relatif *que*, qui précède, et qui se rapporte à *guirlandes*, est régime direct de *cueillir*.

XXIII.

(*Tullus à Numa.*)

Voilà, mon fils, le sujet de ces larmes QUE *tu* M'*as* VU VERSER pendant le sacrifice. Il faut se soumettre, il faut nous séparer, Numa : Cérès l'ordonne, nous devons obéir.

Dans cette phrase, il y a deux verbes actifs de suite, le participe *vu*, et l'infinitif *verser;* mais il y a aussi deux régimes directs, le relatif *que*, qui se rapporte à *larmes*, et le pronom *m'*, ou *me*, qui se rapporte à *Tullus*. Pour bien écrire le participe, il suffit de connaître le régime de chaque verbe. Pour cela, je fais les questions suivantes : *On a vu qui* ou *quoi? On a versé qui* ou *quoi?* Réponse, *On a vu Tullus qui versait des larmes*. C'est donc *Tullus* qui a été *vu*, et ce sont des *larmes* qui ont été *versées*. Ainsi, dans cette phrase, *vu* est au masculin et au singulier, parcequ'il a pour régime direct le pronom *m'* ou *me*. qui se rapporte à *Tullus;* et le relatif *que*, qui se rapporte à *larmes*, est le régime direct de l'infinitif *verser*.

XXIV.

Ce grand homme (*Timoléon*) ne se vit pas plus tôt maître de Syracuse, qu'il rasa la citadelle; rétablit les tribunaux et le gouvernement populaire ; puis il fit revenir les habitants QUE *la cruauté* du tyran *avait* FORCÉS de s'EXILER : en sorte qu'en très peu de temps Syracuse se releva de ses ruines et redevint plus florissante que jamais.

Dans cette phrase, il y a deux verbes actifs de suite, le participe *forcés* et l'infinitif *exiler;* et chaque verbe a son régime direct.

Forcés est au masculin et au pluriel, parcequ'il est précédé de son régime direct, le relatif *que*, pronom qui se rapporte à *habitants;* et le pronom *s'*, qui se rapporte aussi à *habitants*, et qui est placé avant l'infinitif *exiler*, est le régime de cet infinitif.

La cruauté du tyran avait FORCÉ LES HABITANTS *d'*EXILER EUX.

XXV.

Ses maladies lui ôtèrent la consolation QU'*elle avait* tant DÉSIRÉE d'ACCOMPLIR SES PREMIERS DESSEINS, et de pouvoir achever ses jours sous la discipline et dans l'habit de sainte Fare.

Dans cette phrase, *désirée* est au féminin et au singulier, parcequ'il est précédé de son régime direct, le relatif *que*, pronom qui se rapporte à *consolation.*

Elle avait DÉSIRÉ LA CONSOLATION d'ACCOMPLIR SES PREMIERS DESSEINS, etc.

XXVI.

On croirait qu'elle est elle-même la divinité qui habite dans les temples. Avec quelle crainte et quelle religion L'*avons-nous* VUE OFFRIR DES SACRIFICES, et fléchir la colère des dieux, quand il a *fallu* expier quelque faute ou détourner quelque funeste présage!

Dans cette phrase, il y a deux verbes actifs de suite, le participe *vue* et l'infinitif *offrir;* et chaque verbe a son régime direct.

Vue est au féminin et au singulier; il s'accorde avec le pronom *l'* qui précède, et qui se rapporte à un nom féminin. L'infinitif *offrir* a pour régime direct le substantif *sacrifices*.

XXVII.

Une jeune abbesse, QUE *les incursions* des Espagnols *avaient* FORCÉE de SE RETIRER à Château-Thierry, alla loger chez La Fontaine.

Forcée est au féminin et au singulier, parcequ'il est précédé de son régime direct le relatif *que*, qui précède, et qui se rapporte à *abbesse*. L'infinitif *retirer* a pour régime direct le pronom *se*.

XXVIII.

La *navigation* pour les Maldives, QUE *l'intempérie* du climat *a* FORCÉ LES ANGLAIS et LES FRANÇAIS d'ABANDONNER, *s'est concentrée* dans cette rade.

Forcé est invariable, parcequ'il est suivi du régime *Anglais* et *Français;* et le relatif *que*, qui se rapporte à *navigation*, est le régime direct de l'infinitif *abandonner*.

XXIX.

On y achète des toiles peintes QUE *nous* n'*avons* pas ENTREPRIS d'IMITER. Ceux qui croient que la *cherté* de notre main-d'œuvre NOUS *a* seule EM-

PÊCHÉS d'ADOPTER CE GENRE d'industrie, sont dans l'erreur.

Entrepris est invariable, parceque le relatif *que*, qui précède, et qui se rapporte à *toiles*, est régime direct de l'infinitif *imiter*; et c'est cet infinitif qui est le complément du participe *entrepris*.

Empêchés a pour régime direct le pronom *nous*; c'est pourquoi il est au pluriel. L'infinitif *adopter* a pour régime *ce genre*.

XXX.

La ville est parfaitement calme; et les troubles QUE *nous avons* CRAINT un instant de VOIR SE RENOUVELER, n'ont pas eu de suite.

Voir est le complément de *craint*; le relatif *que*, qui se rapporte à *troubles*, est complément de *voir*; le pronom *se* est complément de *renouveler*.

Nous avons CRAINT de VOIR les TROUBLES *se renouveler*.

IIIe REMARQUE.

Lorsque le participe est suivi d'un autre verbe, soit à l'indicatif, soit au subjonctif, soit au conditionnel, le régime qui précède le premier verbe est ordinairement le régime du second.

EXEMPLES :

Les mathématiques QUE vous n'avez pas VOULU que j'ÉTUDIASSE.

Les secours QUE j'avais PRÉVU que vous AURIEZ.

Les affaires QUE nous avons CRU que vous nous DONNERIEZ.

La conduite QUE j'ai **SUPPOSÉ** que vous TIENDRIEZ.

Ces quatre phrases sont correctes, parceque le relatif *que*, régime dans les quatre phrases, n'est pas le régime des participes *voulu*, *prévu*, *cru*, *supposé;* c'est le régime des verbes qui suivent ces participes. En effet, voici le sens de ces phrases :

Vous n'avez pas **VOULU** que j'*étudiasse les mathématiques.*

J'avais **PRÉVU** que vous *auriez des affaires.*

Nous avons **CRU** que vous nous *donneriez des secours.*

J'ai **SUPPOSÉ** que vous *tiendriez telle conduite.*

Donc le relatif *que*, régime dans les quatre phrases, est le régime direct des verbes *étudiasse*, *auriez*, *donneriez*, *tiendriez*.

EXEMPLES

Qui ont rapport à cette remarque :

I.

Enfin je montai en carrosse avec elle et son vieil écuyer, et me laissai de cette manière enlever de l'hôtellerie, au grand déplaisir de l'hôte, qui se voyait par là *sevré* de la dépense QU'*il avait* **COMPTÉ** que je FERAIS chez lui.

Dans cette phrase, *compté* est invariable, parceque le relatif *que*, qui se rapporte à *dépense*, n'est pas le régime de ce participe ; c'est le régime de *ferais*. L'hôte n'avait pas compté la dépense ; il avait compté, il avait pensé que je ferais de la dépense.

II.

Après la mort de Sardanapale, on lui érigea une statue où il était représenté dans l'attitude d'un homme qui danse, et on y mit une inscription dans laquelle il apostrophe ainsi les passants : Mange, bois, divertis-toi bien, tout le reste n'est rien : inscription bien conforme à celle QUE *nous avons* VU qu'il *avait* ORDONNÉ lui-même qu'on MIT sur son tombeau.

Dans cette phrase, *vu* et *ordonné* sont invariables, parceque le relatif *que*, qui se rapporte à *inscription*, n'est le régime ni de l'un ni de l'autre; c'est le régime direct de *mît*.

IVe REMARQUE.

Le participe FAIT, suivi d'un infinitif, que cet infinitif soit actif ou neutre, est toujours invariable, parceque le régime qui précède ce participe est toujours le régime du second verbe, ou des deux ensemble considérés comme un seul verbe.

EXEMPLES :

En parlant d'une personne, on dit,

Je L'ai FAIT VENIR;
Je L'ai FAIT PASSER;
Je L'ai FAIT SORTIR;

et en parlant de plusieurs,

Je LES ai FAIT VENIR;
Je LES ai FAIT PASSER;
Je LES ai FAIT SORTIR.

Dans les trois premiers exemples, le pronom L' n'est ni le régime de *fait*, ni le régime de *venir*, *passer*, *sortir*; mais ce pronom L' est régime de *fait venir*, *fait passer*, *fait sortir*. La même chose pour le pronom LES dans les trois derniers exemples.

> Loin de les décrier, *je* LES *ai* FAIT PARAÎTRE :
> Et souvent, sans ces vers *qui* LES *ont* FAIT CONNAÎTRE,
> Leur talent dans l'oubli demeurerait caché.
>
> BOILEAU.

Beaucoup de grammairiens disent la même chose du participe LAISSÉ; beaucoup d'autres disent le contraire. Les uns veulent qu'on écrive, en parlant d'une ou de plusieurs personnes :

Je *l'*ai LAISSÉ *passer* ;
Je *l'*ai LAISSÉ *venir*;
Je *l'*ai LAISSÉ *sortir*;
Je *l'*ai LAISSÉ *mourir* ;
Je *les* ai LAISSÉ *passer*;
Je *les* ai LAISSÉ *venir*;
Je *les* ai LAISSÉ *sortir* ;
Je *les* ai LAISSÉ *mourir*.

Ces grammairiens ne voient qu'une seule idée dans *laissé passer*, *laissé venir*, *laissé sortir*, *laissé mourir*.

Les autres veulent qu'on écrive, en parlant d'une femme,

Je L'ai LAISSÉE *passer*;
Je L'ai LAISSÉE *venir*;
Je L'ai LAISSÉE *sortir*;
Je L'ai LAISSÉE *mourir*;

et en parlant de plusieurs,

Je LES ai LAISSÉES *passer*;

Je LES ai LAISSÉES *venir ;*
Je LES ai LAISSÉES *sortir ;*
Je LES ai LAISSÉES *mourir ;*

et la raison qu'ils en donnent, c'est que *passer*, *sortir*, *venir*, *mourir*, étant des verbes neutres, c'est-à-dire des verbes qui n'ont point de régime direct, il faut bien que le régime qui précède le participe soit régime du participe. Mais cette raison n'est pas suffisante, car *passer*, *venir*, *sortir*, *mourir*, sont neutres de même lorsqu'ils sont précédés du participe *fait ;* et tout le monde convient généralement que *fait*, suivi d'un infinitif, est invariable : pourquoi *laissé* ne le serait-il pas ?

Cependant, comme l'avis de ces derniers paraît l'emporter aujourd'hui, on peut, sans inconvénient, s'en tenir à la règle générale pour le participe *laissé ;* c'est-à-dire, le faire variable lorsque le verbe qui suit est neutre ou employé neutralement, et invariable lorsque le régime qui précède appartient au second verbe.

D'après cela on peut écrire,

1° *Avec le participe invariable :*	2° *Avec le participe variable :*
Voilà les maux *que* vous avez LAISSÉ *faire.*	Voilà les livres QUE vous avez LAISSÉS *tomber.*
Votre mère *s'est* LAISSÉ *tromper.*	Elle S'est LAISSÉE *mourir.*
Voilà les villes *que* vous avez LAISSÉ *prendre.*	Voilà les troupes QUE vous avez LAISSÉES *périr.*
Ces enfants *se* sont LAISSÉ *battre.*	Vous ne retrouverez jamais les occasions QUE vous avez LAISSÉES *échapper.*

Ve REMARQUE.

Participe précédé du pronom EN.

Les phrases dans lesquelles se trouve ce mot *en* méritent une attention particulière.

EXEMPLES :

Si je dis à quelqu'un,

Je vous ai demandé mes livres,

il peut me répondre,

Je vous LES ai ENVOYÉS (s'il me les a envoyés tous);

ou,

Je vous EN ai ENVOYÉ LA MOITIÉ, UNE PARTIE, QUELQUES UNS, etc. (s'il ne m'en a envoyé qu'une partie).

Personne ne se trompera dans la manière d'écrire les phrases ci-dessus; mais beaucoup de personnes se tromperont en écrivant,

Je vous EN ai ENVOYÉ.

Beaucoup écriront,

Je vous EN ai ENVOYÉS.

Quelle différence y a-t-il donc entre ces deux réponses,

Je vous EN ai ENVOYÉ LA MOITIÉ, UNE PARTIE, etc.

et simplement,

Je vous EN ai ENVOYÉ?

Aucune, si ce n'est que le régime direct est exprimé dans la première réponse, et qu'il est sous-entendu dans la seconde.

Que signifie donc EN dans ces deux phrases? — Dans l'une comme dans l'autre, il signifie *de vos livres*.

Je vous ai ENVOYÉ LA MOITIÉ, UNE PARTIE, QUELQUES UNS... De quoi? — *De vos livres*.

Le régime direct de *envoyé* est *la moitié*, *une partie*, etc : le mot EN, qui signifie *de cela*, *de vos livres*, n'est que le complément de ces mots, *la moitié*, *une partie*; et lorsque ces mots *la moitié*, *une partie*, sont sous-entendus, le mot EN, qui n'est que le complément de ces mots, ne peut certainement pas devenir le régime direct. EN est le complément d'un régime direct exprimé, ou d'un régime direct sous-entendu.

Dans cette phrase,

Je vous EN ai ENVOYÉ UNE PARTIE,

EN est le complément du mot *partie*, régime direct exprimé; et dans celle-ci,

Je vous EN ai ENVOYÉ,

EN est le complément du mot *partie* (ou d'un équivalent), régime direct sous-entendu; mais il n'est point régime direct.

Nous écrirons donc :

Vous m'avez demandé des livres, je vous EN ai DONNÉ (sous-entendu) *quelques uns*, *plusieurs*, etc.).

Veux-tu des plumes? J'EN ai ACHETÉ (sous-entendu, *quelques unes*, *plusieurs*, *un paquet*, etc.)

Vous m'avez promis des récompenses, et vous ne m'EN avez pas **DONNÉ UNE SEULE.**

Tout le monde m'a offert des services, et personne ne m'en a **RENDU** (sous-entendu, *un seul*).

Boileau a dit, en parlant de Louis XIV :

Il a lui seul plus fait d'exploits que les autres n'EN ont **LU.**

Ce mot EN est quelque régime indirect ; mais alors il ne présente aucune difficulté.

EXEMPLES :

J'ai écrit à mes parents au sujet de l'affaire dont je vous ai parlé : voici la réponse **QUE** j'EN ai **REÇUE.**

Dans cette phrase, le participe *reçue* est au féminin singulier, parcequ'il est précédé de son régime direct, le relatif **QUE**, pronom qui se rapporte à *réponse*. EN signifie *de mes parents* ; c'est comme s'il y avait,

Voici la réponse **QUE** j'ai **REÇUE** de mes parents.

On dira donc en parlant d'un homme ou d'une femme, de plusieurs hommes ou de plusieurs femmes, d'une chose ou de plusieurs choses :

La réponse **QUE** j'EN ai **REÇUE.**
La grace **QUE** j'EN ai **OBTENUE.**
Les sommes **QUE** tu EN as **REÇUES.**
Les secours **QUE** vous EN avez **TIRÉS.**
Il **S'**EN est **CORRIGÉ.**
Nous **NOUS** EN sommes **OCCUPÉS.**

Ces phrases signifient,

La réponse QUE *j'ai* REÇUE *de lui*, *d'elle*, *d'eux*, ou *d'elles* : c'est *réponse* qui est le régime direct.

La grace QUE *j'ai* OBTENUE *de lui*, *d'elle*, *d'eux*, ou *d'elles* : c'est *grace* qui est le régime direct.

Les sommes QUE *tu as* REÇUES *de lui*, *d'elle*, *d'eux* ou *d'elles* : c'est *sommes* qui est le régime direct.

Les secours QUE *vous avez* TIRÉS *de lui*, *d'elle*, *d'eux*, *d'elles*, ou *de cela*, *de ces choses* : c'est *secours* qui est le régime direct.

Il s'est CORRIGÉ *de cela ;* il a CORRIGÉ LUI *de cela*.

Nous NOUS *sommes* OCCUPÉS *de cela ; nous avons* OCCUPÉ NOUS *de cela*.

EXEMPLES

Qui ont rapport à cette remarque :

I.

Le règne de David fut toujours le modèle des bons rois de Juda, et sa durée égala celle du trône de Jérusalem. Ce ne sont pas ses victoires toutes seules qui le rendirent le modèle des rois ses successeurs : *Saül* EN *avait* REMPORTÉ (*sous-entendu* QUELQUES UNES, PLUSIEURS) comme lui sur les Philistins et sur les Amalécites.

II.

J'avoue, reprit Mentor, qu'il a fait de grandes fautes ; mais cherchez dans la Grèce et dans tous les autres pays les mieux policés un roi qui n'EN ait point FAIT (*sous-entendu* QUELQUES UNES) d'inexcusables.

III.

J'ai examiné la force des yeux de plusieurs enfants et de plusieurs personnes louches ; et, comme la plupart des enfants ne savaient pas lire, j'ai présenté à plusieurs distances à leurs yeux des points ronds, des points triangulaires, et des points carrés, et, en leur fermant alternativement l'un des yeux, j'ai trouvé que tous avaient les yeux de force inégale. J'EN *ai* TROUVÉ (*sous-entendu* QUELQUES UNS, PLUSIEURS) dont les yeux étaient inégaux, au point de ne pouvoir distinguer à quatre pieds, avec l'œil faible, la forme de l'objet qu'ils voyaient distinctement à douze pieds avec le bon œil.

IV.

M. DE BUFFON, *en parlant des chevaux, dit :*

Monsieur de la Salle EN *a* VU (*sous-entendu* QUELQUES UNS, PLUSIEURS) en 1685, dans l'Amérique septentrionale, près de la baie Saint-Louis ; ces chevaux paissaient dans les prairies, et ils étaient si farouches qu'on ne pouvait les approcher.

V.

Les étrangers et les Français mêmes, lassés de tant de guerres, virent avec une consolation maligne une satire dans un livre fait pour enseigner la vertu (1). Les éditions en furent innombrables : j'EN *ai* VU QUATORZE en langue anglaise.

VI.

Les Latins, qui n'avaient pas trouvé d'obstacles dans leurs conquêtes, EN ayant TROUVÉ UNE INFINITÉ dans leur établissement, les Grecs repassèrent d'Asie en Europe, reprirent Constantinople et presque tout l'Occident.

---

(1) Le Télémaque.

VII.

Baléazar est aimé des peuples. En possédant les cœurs, il possède plus de trésors que son *père* n'EN *avait* AMASSÉ par son avarice cruelle.

VIII.

Que puis-je honnêtement exiger de lui? Qu'il pardonne à des citoyens ingrats qui l'ont traité comme un homme noirci des plus grands crimes? qu'il ait pitié d'une populace furieuse *qui* n'EN *a* point EU de son innocence ?

IX.

Je ne pouvais me consoler de ce qu'un héros aussi recommandable que Don Quichotte avait manqué d'historiens, tandis qu'une *foule d'autres chevaliers*, dont personne ne se soucie, EN *ont* TROUVÉ souvent DEUX ou TROIS, qui ne nous font pas même grace de leurs plus petites sottises.

X.

Il en est du véritable amour comme de l'apparition des esprits : tout le monde en parle, mais *peu de gens* EN *ont* VU.

XI.

Laborde, premier valet de chambre du roi, *qui a* CONCU plus de PROJETS littéraires qu'*il* n'EN a EXÉCUTÉ, et *qui* cependant EN *a* EXÉCUTÉ un grand NOMBRE, après *avoir* ÉCRIT sur l'histoire et la musique, S'*était* alors JETÉ dans la géographie, et faisait dresser des cartes d'Afrique.

XII.

Cassius, au contraire, naturellement fier et encore plus ennemi du tyran que de la tyrannie, ne cherchait dans la perte de César que la vengeance de quelques injures QU'*il* EN *avait* REÇUES ; et il se dévoua moins pour l'intérêt public que pour satisfaire sa passion particulière.

Dans l'exemple ci-dessus, *reçues* est au féminin et au pluriel, parcequ'il est précédé de son régime direct, le relatif *que*, pronom qui se rapporte à *injures :* EN, qui signifie *de César,* est régime indirect.

VIe REMARQUE.

Coûté, participe de *coûter,* signifiant qui s'achète un certain prix ; *valu*, participe de *valoir*, signifiant être d'une certaine valeur; *vécu*, *dormi*, *duré*, et autres semblables, quoique précédés du relatif *que*, sont invariables, parceque ce sont des participes de verbes neutres, et qu'un verbe neutre n'a point de régime direct.

EXEMPLES :

1° Je regrette fort les mille ÉCUS QUE cette affaire m'a COÛTÉ.

2° Vous ne vendrez pas cette maison quarante mille francs, qu'elle eût VALU si vous l'aviez fait réparer à temps.

3° Il a bien employé le peu d'années qu'il a VÉCU.

4° Qu'avez-vous fait pendant les trois heures QUE j'ai DORMI?

5° Ce peuple a été bien malheureux pendant les dix années QUE la guerre a DURÉ.

Dans les trois derniers exemples, le relatif *que*, qui précède les participes *vécu*, *dormi*, *duré*, n'est point le régime de ces participes ; c'est le régime de la préposition *pendant*, sous-entendue. C'est comme s'il y avait,

1° Il a bien employé le peu d'années PENDANT LESQUELLES il a VÉCU.

2° Qu'avez-vous fait pendant les trois heures PENDANT LESQUELLES j'ai DORMI ?

3° Ce peuple a été bien malheureux les dix années PENDANT LESQUELLES la guerre a DURÉ.

Quant à *coûté* et *valu*, on sent bien qu'on ne peut pas en faire des adjectifs, et dire, *mille écus ont* ÉTÉ COÛTÉS par cette *affaire ; une somme aurait* ÉTÉ VALUE *par cette maison ;* et c'est ce qui les rend invariables.

On trouve cependant quelquefois *valoir* et *coûter* employés activement ; mais alors ils ont un autre sens que dans les exemples précédents.

1° *Valoir*, actif, signifie procurer, faire obtenir, produire ; comme, *Il doit être satisfait des honneurs* QUE *son dernier ouvrage lui a* VALUS. (C'est-à-dire *lui a* PROCURÉS.)

2° *Coûter*, actif, signifie causer, attirer, occasionner ; comme, *Je regrette bien les peines* QUE *cette affaire m'a* COÛTÉES. (C'est-à-dire *m'a* CAUSÉES.)

Les grammairiens sont peu d'accord sur l'orthographe des deux participes *coûté* et *valu*.

La plupart veulent que *coûté* et *valu* soient invariables dans tous les cas; et la raison qu'ils en donnent c'est que *coûter* et *valoir* n'ont point de passif. Il est vrai que si *coûté* et *valu* sont invariables dans ces phrases,

Les mille écus que cette affaire m'a COUTÉ,
Les quarante mille francs que cette maison aurait VALU,

et cela parcequ'on ne peut pas dire,

Mille écus ont été COUTÉS par cette affaire,
Quarante mille francs auraient été VALUS par cette maison,

ces deux participes pourraient bien être invariables dans celles-ci,

Les peines que cette affaire m'a COUTÉ,
Les honneurs que son ouvrage lui a VALU;

car ces deux verbes n'ont point de passif, quelque signification qu'on leur prête, et l'on ne dit pas plus, *des peines ont été* COUTÉES, *des honneurs ont été* VALUS, que *des écus ont été* COUTÉS, *des écus ont été* VALUS.

J'avoue que la règle la plus raisonnable serait de regarder comme invariable tout participe qui ne peut pas être construit avec le verbe *être;* mais l'usage n'a-t-il pas consacré l'emploi du verbe *avoir* comme verbe actif, et l'accord du participe de ce verbe avec le régime qui le précède? On dit très-bien, et sans qu'aucun grammairien y ait jamais trouvé à redire :

Le mal QUE j'ai EU;
La peine QUE j'ai EUE;
Les malheurs QUE j'ai EUS;
Les affaires QUE j'ai EUES.

Cependant, comment justifier l'accord du participe *eu* par le passif? *Avoir* est un verbe actif qui n'a point de passif. On ne dit point :

Le mal qui a été EU ;
La peine qui a été EUE ;
Les malheurs qui ont été EUS ;
Les affaires qui ont été EUES.

Quant à *valoir*, l'Académie dit positivement :

« VALOIR *signifie encore procurer*, *faire obtenir*, *produire*, *et en ce cas il est actif.* »

Cela suffit pour justifier l'accord du participe *valu*, quand il est employé activement.

Pour ce qui est de *coûter*, l'Académie le considère comme neutre dans tous les cas ; mais on trouve dans Télémaque,

Vous n'avez pas oublié les soins QUE vous m'avez COÛTÉS ;

et dans Racine,

Que de SOINS m'eût COÛTÉS cette tête charmante?
Après tous les ennuis que ce jour m'a COÛTÉS,
Ai-je pu rassurer mes esprits agités?

VIIe REMARQUE.

Participe précédé du pronom LE.

Faut-il écrire,

Votre sœur n'est pas aussi savante que je L'aurais IMAGINÉ, ou IMAGINÉE ; que je L'aurais PENSÉ, ou PENSÉE ; que je L'aurais CRU, ou CRUE?

Réponse. Comme il est certain qu'on doit dire avec l'imparfait,

Votre sœur n'est pas aussi savante que je L'imaginais, que je LE pensais, que je LE croyais,

il est clair qu'il faut dire, avec le passé du conditionnel,

Votre sœur n'est pas aussi savante que je L'aurais CRU ; et non *imaginée*, *pensée*, *crue*.

Car le sens de ces phrases n'est pas, *j'ai imaginé votre sœur, j'ai pensé votre sœur, j'ai cru votre sœur;* c'est, *j'ai imaginé, j'ai pensé, j'ai cru quelque chose de relatif à votre sœur; j'ai imaginé, j'ai pensé, j'ai cru qu'elle était plus savante qu'elle ne l'est.*

Une autre preuve, c'est qu'en parlant de plusieurs personnes, on ne dirait pas, *Vos sœurs ne sont pas aussi savantes que je* LES *aurais* IMAGINÉES, *que je* LES *aurais* PENSÉES, *que je* LES *aurais* CRUES; on dirait, *Vos sœurs ne sont pas aussi savantes que je* L'*aurais* IMAGINÉ, *que je* L'*aurais* PENSÉ, *que je* L'*aurais* CRU.

En changeant la construction, on dit très-bien, *J'ai cru, j'aurais cru votre sœur plus savante qu'elle ne l'est; j'ai cru, j'aurais cru vos sœurs plus savantes qu'elles ne le sont.*

EXEMPLES

Qui ont rapport à cette remarque:

I.

Lorsqu'il nous eut fait comprendre que la chose

était plus sérieuse que *nous* ne L'*avions* PENSÉ d'abord, nous nous jetâmes tous à ses pieds, et le priâmes d'avoir pitié de notre jeunesse; mais nos prières furent inutiles.

Pensé est au masculin et au singulier. Ce participe s'accorde avec son régime direct, le pronom *l'* ou *le* qui précède. Le sens de la phrase n'est pas,

Nous avions pensé la chose ;

c'est,

Nous avions pensé CELA, *que la chose était moins sérieuse qu'elle ne l'est.*

II.

Cette défaite, malgré l'inégalité du nombre, causa autant de surprise que d'indignation au sénat. L'affaire paraissant plus sérieuse qu'*on* ne L'*avait* CRU d'abord, les consuls eurent ordre de se mettre en campagne, chacun à la tête d'un corps considérable.

Ce que j'ai dit de *pensé*, dans l'exemple précédent, est applicable à *cru* : le sens de la phrase n'est pas,

On avait cru l'affaire ;

c'est,

On avait cru CELA, *que l'affaire était moins sérieuse.*

III.

Cependant le mal ne se fit pas sentir dans les premiers temps, quoique des *écrivains* célèbres L'*aient avancé*.

Comme s'il y avait, *quoique des écrivains célèbres aient avancé* CELA.

IV.

Les magistrats de cette ville avaient appris la levée du siége de Stockholm ; ils croyaient la défaite et la déroute générale, et la perte pour l'administrateur aussi considérable que les *Danois L'avaient* PUBLIÉ.

Ils avaient publié CELA, que la perte *était considérable*.

VIIIe REMARQUE.

Participe passé précédé du mot PEU.

Les adverbes *plus*, *moins*, *trop*, *peu*, employés avec l'article ou avec un mot équivalent, deviennent substantifs, et par conséquent peuvent être le sujet ou le régime d'un verbe. On dit, *Le* PLUS *que je puisse faire ; le* MOINS *qu'on nous donne*, etc.

La Fontaine a dit :

Le TROP *d'expédients* PEUT gâter une affaire.

Il n'a pas voulu dire que *les* EXPÉDIENTS PEUVENT *gâter une affaire ;* mais il a voulu dire que *le* TROP... PEUT. C'est donc *trop* qui est ici le mot principal, et par conséquent celui auquel se rapporte le verbe.

Mais c'est l'adverbe *peu* qui se rencontre le plus souvent employé substantivement : comme dans les phrases suivantes :

I.

LE PEU *qui paraissait* du visage de la mariée n'ÉTAIT pas sans éclat ; mais on ne pouvait porter aucun jugement sur le reste.

II.

Il voyait cette princesse fort choquée DU PEU de complaisance de Matta.

III.

On m'en a conté de belles sur SON PEU de propreté.

IV.

Deux personnes très capables de lui en donner (de l'esprit), si ce don était communicable, entreprirent en même temps de lui faire perdre LE PEU qu'elle en avait.

V.

Son goût, rendu sévère par une étude approfondie de son art, semble l'éloigner de ce qu'on appelle les fictions poétiques ; à moins qu'on n'attribue cet éloignement à SON PEU d'imagination, défaut que lui reprochent ses critiques les plus éclairés.

VI.

J'osais me plaindre à lui de SON PEU de tendresse.

RACINE.

1° Un participe peut être précédé du mot *peu* seul : comme, *le* PEU *que j'ai vu ; le* PEU *que j'ai entendu.*

2° Un participe peut être précédé du mot *peu* accompagné d'un substantif pluriel : comme, *le* PEU *de* FEMMES *que j'ai vues ; le* PEU *de* PAROLES *que j'ai entendues.*

3° Un participe peut être précédé du mot *peu* accompagné d'un substantif singulier : comme, *le* PEU *de* MAL *que tu m'as fait ; le* PEU *de* SOIN *que tu as eu.*

PREMIER CAS.

Lorsque le mot PEU est seul avant un participe, la phrase ne présente aucune difficulté : le participe se rapporte toujours à ce mot PEU, qui est un substantif masculin singulier.

EXEMPLES :

Le PEU QUE j'ai VU.
Le PEU QUE j'ai ENTENDU.
Le PEU QUE j'ai APPRIS.
Le PEU QUE j'ai SU.
Le PEU QUE tu as PERDU.
Le PEU QUE nous avons GAGNÉ.

Dans les exemples ci-dessus, les participes *vu*, *entendu*, *appris*, *su*, *perdu*, *gagné*, s'accordent avec le relatif QUE, qui signifie *lequel peu*.

DEUXIÈME CAS.

Lorsque le mot PEU est accompagné d'un substantif pluriel, c'est ordinairement avec ce substantif que s'accordent le relatif et le participe.

EXEMPLES :

Le PEU de femmes QUE j'ai VUES.
Le PEU de paroles QUE j'ai ENTENDUES.
Le PEU de mots QUE tu as PRONONCÉS.
Le PEU de livres QUE vous avez LUS.
Le PEU de fautes QUE vous avez FAITES.
Le PEU de leçons QU'on lui a DONNÉES.

Dans les exemples ci-dessus, les participes *vues*, *entendues*, *prononcés*, *lus*, *faites*, *données*, s'accordent avec le relatif QUE, qui signifie *lesquelles femmes, lesquelles paroles, lesquels mots, lesquels livres, lesquelles fautes, lesquelles leçons.* Ici, *peu* est une espèce de nom collectif; et c'est au substantif pluriel, complément de ce collectif, que se rapportent le relatif et le participe.

Cependant *peu*, suivi d'un substantif pluriel, peut être le mot principal, et celui par conséquent auquel doivent se rapporter le relatif et le participe.

On dirait en parlant d'une personne instruite en peu de leçons :

Elle a bien profité du PEU de *leçons* QU'on lui a DONNÉES.

Mais en parlant d'une personne qui aurait reçu trop peu de leçons pour savoir quelque chose, on dirait :

Son ignorance doit être attribuée au PEU de *leçons* QU'on lui a DONNÉ.

Ce ne sont certainement pas les leçons qui sont la cause de l'ignorance de cette personne, c'est le *peu* de leçons ; et c'est avec ce mot *peu* que doit s'accorder le participe *donné*.

TROISIÈME CAS.

Peu, suivi d'un substantif singulier, peut présenter deux idées différentes ; et c'est du sens de la phrase que dépend l'orthographe du participe : c'est plutôt un accord logique qu'un accord grammatical.

1° *Peu*, suivi d'un substantif singulier, peut signifier le défaut, le manque de l'objet désigné par le substantif singulier; et, dans ce cas, le relatif et le participe s'accordent toujours avec *peu*, qui est masculin singulier.

EXEMPLE

Dans lequel le mot PEU *exprime le défaut de l'objet désigné par le substantif singulier.*

Le PEU *d'exactitude* QUE j'ai TROUVÉ dans cet ouvrage m'a fort mal prévenu en faveur de l'auteur.

J'écris *trouvé* et non *trouvée*, et c'est le sens de la phrase qui demande cette orthographe : il n'est sûrement pas question d'*exactitude trouvée ;* au contraire, on veut faire entendre qu'il n'y a point d'exactitude dans cet ouvrage. Le régime d'un verbe, c'est la chose trouvée, s'il est question du verbe *trouver*. Or, puisqu'on n'a point trouvé d'*exactitude*, le participe ne doit pas s'accorder avec *exactitude*, qui n'est point son régime; mais le participe doit se rapporter *au manque, au défaut d'exactitude* exprimé par le mot *peu*. C'est pourquoi il faut écrire TROUVÉ et non TROUVÉE.

On écrira de même les phrases suivantes :

C'est le PEU de *patience* QUE vous avez EU (et non pas EUE) qui est la cause de votre disgrace.

C'est le PEU de *peine* QUE cela vous a FAIT (et non pas FAITE) qui nous porte à croire que vous avez un mauvais cœur.

Votre maître est fort mécontent du PEU *d'application* QUE vous avez MONTRÉ (et non pas MONTRÉE) dans le cours de cette année.

On doit attribuer le mauvais succès de cette entreprise au PEU *d'activité* QUE vous avez MIS (et non pas MISE) à exécuter les ordres du ministre.

2° *Peu*, suivi d'un substantif singulier, peut signifier une petite partie de l'objet désigné par ce substantif; et, dans ce cas, le relatif et le participe s'accordent ordinairement avec le substantif qui suit le mot *peu*.

EXEMPLES

Dans lesquels le mot PEU *exprime une petite quantité (et non le défaut) de l'objet désigné par le substantif singulier :*

Le PEU d'*eau* QUE vous avez BUE suffit pour vous faire du mal.

Le PEU de *chaleur* QUE j'ai SENTIE m'a incommodé.

Le PEU d'*expérience* QU'il a ACQUISE avec vous lui sera d'un grand secours dans cette affaire.

Le PEU de *soupe* QUE j'ai MANGÉE était fort bonne.

Ces phrases signifient :

Vous avez bu un peu d'eau, et cette eau suffit pour vous faire du mal.

J'ai senti un peu de chaleur, et cette chaleur m'a incommodé.

Il a acquis un peu d'expérience avec vous, et cette expérience lui sera d'un grand secours dans cette affaire.

J'ai mangé un peu de soupe, et cette soupe était fort bonne.

Cependant Racine a fait accorder le participe avec *peu*, et non avec le substantif suivant, quoique *peu* ne signifie pas manque, défaut de l'objet désigné par le substantif ; et il faudrait être bien difficile pour condamner cette phrase :

Je ne crois pas que j'eusse besoin de cet exemple d'Euripide pour justifier le PEU de *liberté* QUE j'ai PRIS.

(*Préface d'Andromaque.*)

Racine a fait de *peu* l'idée principale, et il a fait accorder le relatif et le participe avec ce mot.

EXEMPLES

Qui ont rapport à cette VIIIe *remarque* :

I.

Il me semble qu'on a plus de mal au service d'un chevalier qu'au service d'un laboureur ; car enfin, chez ce laboureur, quand *on a bien* TRAVAILLÉ, l'on est sûr de manger à sa faim et de dormir dans son lit. Je ne me rappelle pas qu'avec votre Seigneurie ce *bonheur* me *soit arrivé*, si ce n'est le PEU de *jours* QUE *nous avons* PASSÉS chez don Diègue, et l'instant où M. Gamache me permit d'écumer son pot.

Dans l'exemple ci-dessus, *passés* est au masculin et au pluriel, parcequ'il est précédé de son régime direct, le relatif *que*, pronom qui se rapporte à *jours*. (Page 122, IIe CAS.)

II.

Zuléma pense qu'un pareil guerrier sera le sauveur de Grenade, qu'il peut la défendre elle-même contre ses persécuteurs. Les exploits QU'*il a* FAITS, le PEU de *mots* QU'*il a* PRONONCÉS, cette main qui pressait la sienne pendant le terrible combat, tout se retrace à sa mémoire et lui cause une secrète joie.

1° *Faits* est au masculin et au pluriel, parcequ'il est précédé de son régime direct, le relatif *que*, pronom qui se rapporte à *exploits*.

2° *Prononcés* est au masculin et au pluriel, parcequ'il est précédé de son régime direct, le relatif *que*, pronom qui se rapporte à *mots*. (Page 122, IIe CAS.)

III.

(*Coriolan aux Volsques.*)

Je ne vous parle point du PEU de *capacité* QUE *j'ai* ACQUISE dans les armées : soldat ou capitaine, dans quelque rang que vous me placiez, je sacrifierai volontiers ma vie pour vous venger de nos ennemis communs.

Acquise est au féminin et au singulier, parcequ'il est précédé de son régime direct, le relatif *que*, pronom qui se rapporte à *capacité*.

Dans cette phrase, le mot *peu* n'est pas employé pour signifier le défaut, le manque de *capacité*; il est certain que CORIOLAN *a acquis de la capacité*; et c'est par modestie qu'il dit : *Le peu de capacité que j'ai acquise*. (Page 122, Ier CAS.)

IV.

(*Mademoiselle* DE LAUNAY *à M.* DE FONTENELLE.)

Les femmes aussi vous savent bon gré du PEU de *défiance* QUE *vous avez* MONTRÉ contre les artifices du sexe.

Dans cette phrase, *montré* est et doit être au masculin et au singulier. Voici le sens de la phrase :

Vous n'avez pas montré de défiance contre les artifices du sexe, et les femmes vous savent bon gré de cela.

Peu signifie le défaut, le manque de défiance ; et c'est avec ce mot *peu* que s'accordent le relatif *que* et le participe *montré* : c'est pourquoi ce dernier est masculin singulier. (Page 123, IIIᵉ CAS.)

V.

Aujourd'hui on ne peut remplir le moindre emploi sans avoir les premières notions de sa langue ; et ne pas écrire correctement, c'est dévoiler son ignorance et le PEU d'*éducation* QU'*on a* REÇU.

Le participe *reçu* ne doit pas se rapporter à *éducation*, puisqu'on n'a pas reçu d'éducation ; mais il doit se rapporter au *manque* d'éducation, exprimé par le mot *peu* : c'est pourquoi *reçu* est au masculin et au singulier. (Page 123, IIIᵉ CAS.)

VI.

Zuniga, de son côté, partageait avec ces amants le plaisir qu'ils avaient de se revoir ; il embrassait son ami avec des transports de tendresse, comme s'il n'eût plus été son rival : son amour se confondait avec son amitié. Il ne laissa pas pourtant, en lui donnant des marques de son affection, de lui reprocher le PEU de *confiance* QU'*il avait* EU en lui, etc.

Le participe *eu* ne doit pas se rapporter à *confiance*, puisqu'on n'a pas eu de confiance ; mais il doit se rapporter au *manque* de confiance, exprimé par le mot *peu* : c'est pourquoi *eu* est au masculin et au singulier. (IIIe cas.)

VII.

Le PEU d'*écrits* QU'*il a* LAISSÉS sont les fruits des méditations sublimes et profondes qui lui faisaient oublier ses douleurs.

Laissés s'accorde avec son régime direct *que*, pronom qui se rapporte à *écrits*.

VIII.

Le PEU d'*utilité* QUE les *flibustiers* anglais et français *avaient* RETIRÉ de leurs dernières expéditions dans le continent, LES *avait* RAMENÉS insensiblement à leurs brigandages ordinaires.

C'est parcequ'ils n'ont pas retiré d'utilité de leurs dernières expéditions, qu'ils sont revenus à leurs brigandages.

Retiré doit donc s'accorder avec *peu* et non avec *utilité*.

IXe REMARQUE.

Quelques participes, comme *excepté*, *posé*, *supposé*, *passé*, *vu*, *attendu*, *compris*, employés sans auxiliaire, sont invariables quand ils précèdent un nom, et variables quand le nom précède : dans le premier cas, ils sont employés comme prépositions ; dans le second, comme adjectifs.

EXEMPLES :

On dit,	On dit,
Excepté ma sœur.	Ma sœur *exceptée*.
Passé dix heures.	Dix heures *passées*.
Vu la nécessité.	La chose *vue*.
Y compris sa maison.	Sa maison *comprise*.

CHAPITRE IV.

EXEMPLES

Qui ont rapport aux règles et aux remarques des chapitres précédents :

I.

O trop aveugle Calypso ! *tu* T'*es* TRAHIE toi-même par ton serment ; *te* voilà *engagée* ; et les ondes du Styx, par lesquelles *tu as* JURÉ, ne te permettent plus aucune espérance.

1° *Trahie* est au féminin singulier, parcequ'il est précédé de son régime direct, le pronom T', qui remplace *Calypso* : c'est comme s'il y avait, *tu as trahi toi.*

2° *Engagée* n'est accompagné ni du verbe *être* ni du verbe *avoir* ; c'est un adjectif verbal qui s'accorde avec le pronom *te*, remplaçant *Calypso : voilà toi, Calypso, engagée.*

3° *Juré* est invariable, parcequ'il est sans régime direct ; et comme il est accompagné du verbe *avoir*, il n'y a point d'accord avec le sujet *tu*, pronom qui représente *Calypso*.

II.

Mais pendant que nous délivrons les autres, nous sommes esclaves nous-mêmes. O Télémaque, craignez de tomber entre les mains de Pygmalion notre roi : *il* LES *a* TREMPÉES, *ces mains cruelles*, dans le sang de Siché, mari de Didon sa sœur. *Didon*, pleine du désir de la vengeance, S'*est* SAUVÉE de Tyr avec plusieurs vaisseaux. *La plupart de ceux* qui aiment la vertu et la liberté L'*ont* SUIVIE : *elle a* FONDÉ sur la côte d'Afrique UNE SUPERBE VILLE qu'on nomme Carthage.

1° *Trempées* est au féminin et au pluriel, parcequ'il est précédé de son régime direct, le pronom LES, qui remplace le substantif *mains*. *Ces mains cruelles*, ce n'est point le régime, le véritable objet grammatical, c'est le pronom *les* : c'est pourquoi il faut *trempées*.

2° *Sauvée* est au féminin et au singulier, parcequ'il est précédé de son régime direct, le pronom S', qui remplace *Didon*. C'est comme s'il y avait, *Didon a sauvé elle*.

3° *Suivie* est au féminin et au singulier, parcequ'il est précédé de son régime direct, le pronom L', qui remplace *Didon*.

4° *Fondé* est invariable dans l'exemple ci-dessus, parceque le régime direct est après le participe. *Elle a fondé quoi ? Une superbe ville.*

III.

Villes QUE *nos ennemis s'étaient* déjà PARTAGÉES, vous êtes encore dans l'enceinte de notre empire. Provinces QU'*ils avaient* déjà RAVAGÉES dans le désir et dans la pensée, *vous avez* encore RECUEILLI VOS MOISSONS. Vous durez encore, places QUE *l'art et la nature ont* FORTIFIÉES, et qu'ils avaient dessein de démolir, et *vous n'avez*

TREMBLÉ que sous des projets frivoles d'un vainqueur en idée, qui comptait le nombre de nos soldats, et qui ne songeait pas à la sagesse de leur capitaine.

1° *Partagées* est au féminin et au pluriel, parcequ'il est précédé de son régime direct, le relatif *que*, pronom qui se rapporte à *villes*. Le verbe *être* est employé pour le verbe *avoir*.

2° *Ravagées* est au féminin et au pluriel, parcequ'il est précédé de son régime direct, le relatif *que*, pronom qui se rapporte à *provinces*. Je crois n'avoir plus besoin de répéter que le participe accompagné du verbe *avoir* ne s'accorde jamais avec le sujet.

3° *Recueilli* est invariable dans l'exemple ci-dessus, parceque le régime direct est après le participe. *Vous avez recueilli quoi? Vos moissons.*

4° *Fortifiées* est au féminin et au pluriel, parcequ'il est précédé de son régime direct, le relatif *que*, pronom qui se rapporte à *places*, substantif féminin pluriel.

5° *Tremblé* est invariable, parcequ'il est sans régime direct. On ne dit pas *trembler quelqu'un*, *trembler quelque chose*.

IV.

Mais ce qui consterna davantage Télémaque, ce fut de voir dans cet abîme de ténèbres et de maux un grand nombre de rois *qui avaient* PASSÉ sur la terre pour des rois assez bons; ils *avaient été condamnés* aux peines du Tartare pour *s'être* LAISSÉ GOUVERNER par des hommes méchants et artificieux. *Ils étaient punis* pour les maux QU'*ils avaient*

LAISSÉ FAIRE par leur autorité. La plupart de ces rois n'avaient été ni bons ni méchants, tant leur faiblesse avait été grande; *ils n'avaient* jamais CRAINT DE ne CONNAÎTRE point la vérité; *ils n'avaient point* EU LE GOÛT de la vertu, et *n'avaient* point MIS LEUR PLAISIR à faire du bien.

1° *Passé* est invariable, parcequ'il est sans régime direct : *les rois avaient passé*, mais *ils n'avaient rien passé.*

2° *Condamnés,* participe accompagné du verbe *être,* s'accorde avec le sujet du verbe, le pronom *ils*, qui remplace le substantif *rois.*

3° *Laissé* est invariable, parceque le pronom S' qui précède, et qui se rapporte à *rois,* n'est pas le régime de ce participe ; le pronom S' est le régime direct de *gouverner*, infinitif qui suit le participe.

Pour s'être laissé gouverner ne signifie pas,

Pour avoir laissé eux gouverner,

cela signifie,

Pour avoir laissé gouverner eux.

4° *Punis*, participe accompagné du verbe *être*, s'accorde avec le sujet du verbe, le pronom *ils,* qui remplace le substantif *rois.*

5° *Laissé* est invariable, parceque le relatif *que*, pronom qui se rapporte à *maux*, n'est pas le régime de ce participe ; c'est le régime de l'infinitif *faire*. La phrase où se trouve ce participe signifie,

Ils avaient laissé faire des maux.

Elle ne signifie pas,

Ils avaient laissé des maux faire.

Aucune des règles citées page 87 n'est applicable à cette phrase.

6° Les trois participes *craint*, *eu*, *mis*, sont invariables dans l'exemple ci-dessus, parceque le régime de chacun de ces participes est après le participe.

V.

(*Aladin et Sophronie.*)

Où *as-tu* CACHÉ CETTE IMAGE ? — *Je* ne L'*ai* point CACHÉE, *je* L'*ai* LIVRÉE aux flammes; *je* L'*ai* DÛ, pour la sauver des profanations et des sacriléges de l'impiété. Seigneur, ou tu demandes le coupable, ou tu demandes *l'image enlevée?* l'image, tu ne la verras jamais; le coupable, tu le vois.

1° *Caché* est invariable, parceque le régime direct est après le participe.

2° *Cachée* est au féminin et au singulier, parcequ'il est précédé de son régime direct le pronom L', qui remplace le substantif *image*.

3° *Livrée* est au féminin et au singulier, parcequ'il est précédé de son régime direct, le pronom L', qui remplace le substantif *image*.

4° *Dû* est au masculin et au singulier. Ce participe demande un peu plus d'attention que *cachée* et *livrée*. Pour l'écrire correctement je dis: Le régime d'un verbe, c'est la chose due, quand c'est le verbe *devoir*. C'est Sophronie qui dit, *je l'ai dû*.

Mais si on lui demande, *vous avez dû quoi?* elle répondra,

J'ai dû livrer cette image aux flammes pour la sauver, etc.

Donc, *dû* est au masculin et au singulier, parce que son régime direct, le pronom L' ou LE, qui remplace l'infinitif *livrer* et son régime, est masculin singulier.

5° *Enlevée* est un adjectif verbal qui s'accorde en genre et en nombre avec le substantif *image*.

VI.

Pendant que ce grand roi la rendait la plus illustre de toutes les reines, vous la faisiez, monseigneur, la plus illustre de toutes les mères. *Vos respects* L'*ont* CONSOLÉE de la perte de ses autres enfants; *vous* LES lui *avez* RENDUS: *elle* S'*est* VUE RENAÎTRE dans ce prince qui fait vos délices et les nôtres; et *elle a* TROUVÉ UNE FILLE digne d'elle dans cette auguste princesse qui, par son rare mérite autant que par les droits d'un *nœud sacré*, ne fait avec vous qu'un même cœur. Si *nous* L'*avons* ADMIRÉE dès le moment qu'elle parut, *le roi a* CONFIRMÉ NOTRE JUGEMENT; et maintenant *devenue*, malgré ses souhaits, la principale décoration d'une cour dont un si grand roi fait le soutien, *elle* est la consolation de toute la France.

Dans cet exemple, et dans les suivants, je me contenterai de faire remarquer les participes qui méritent une attention particulière, présumant bien que, d'après tout ce que j'ai dit sur les exemples précédents, la concordance de ceux dont je ne parlerai point est parfaitement connue.

(*Elle* S'*est* VUE RENAÎTRE.)

Dans l'exemple ci-dessus, *vue* est au féminin et au singulier, parcequ'il est précédé de son régime direct, le pronom S', qui remplace la personne dont on parle ; *renaître* est l'infinitif d'un verbe neutre : c'est dans ce cas que le régime appartient de droit au participe. (*Voyez* page 85, *participe suivi d'un infinitif*, Ier CAS.)

VII.

Tel était ce nouveau ministre : l'usage des lois et des judicatures QU'*il avait* OBSERVÉES, la connaissance QU'*il avait* ACQUISE du dehors et du dedans du royaume, les principes QU'*il s'était* FAITS pour la vie publique et particulière, les habitudes QU'*il avait* EUES avec les plus renommés politiques, avaient FORMÉ en lui CETTE ÉTENDUE de lumière et CETTE PRUDENCE universelle d'un ministre d'état, dont je dois vous entretenir dans la seconde partie de cet éloge.

VIII.

Condé, Turenne, Luxembourg, Créquy, noms immortels ! guerriers *qui*, durant cinquante ans, *avez* ENTRETENU si constamment LA CHÂINE de la gloire et du bonheur de la France, vous n'envierez point à Boufflers l'honneur d'approcher de vous dans l'ordre glorieux des défenseurs de l'État ; *il* VOUS *a* SUIVIS de trop près dans la mêlée et dans le feu de vos plus célèbres combats, *il a* trop souvent ARROSÉ vos plus beaux LAURIERS de son sang, pour *être privé* de la part QU'*il a* EUE à vos couronnes; et ce serait vous offenser que de refuser à sa mémoire les louanges QUE tant de fois *vous avez* CRU DEVOIR à sa valeur.

Cru est invariable, parceque le relatif *que*, pronom qui se rapporte à *louanges*, n'est pas le régime de ce participe; c'est celui de l'infinitif *devoir*.

Vous avez cru devoir des louanges à sa valeur,

et non,

Vous avez cru des louanges devoir à sa valeur.

IX.

C'est ici que j'atteste la foi publique, messieurs, et que, parlant de la douceur et de la modestie de M. de Turenne, je puis avoir pour témoins de ce que je dis tous ceux *qui l'ont* SUIVI dans les armées. S'*est-il* FAIT UN PLAISIR de se servir du pouvoir QU'*il a* EU de nuire à ceux-mêmes qu'on regarde et qu'on traite comme des ennemis? Où *a-t-il* LAISSÉ DES MARQUES terribles de sa colère, ou de ses vengeances particulières? LAQUELLE de ses victoires *a-t-il* ESTIMÉE par le nombre de misérables qu'il accablait, ou des morts qu'il laissait sur le champ de bataille? QUELLE VIE *a-t-il* EXPOSÉE pour son intérêt ou pour sa propre réputation? QUEL SOLDAT n'*a-t-il* pas MÉNAGÉ comme un sujet du prince et une portion de la république? QUELLE GOUTTE de sang *a-t-il* RÉPANDUE qui n'ait SERVI à la cause commune?

X.

Si *la grandeur* et *la tranquillité* de son ame *avaient été* moins *connues*, je vous dirais seulement qu'*elle* n'*a* **EMPLOYÉ AUCUN** de ces artifices que les ambitieux appellent la science du monde et le secret de parvenir, et qu'elle ne S'*est* **INSINUÉE** à la cour ni par de pressantes sollicitations ni par de lâches flatteries. Mais je puis passer plus avant, et dire qu'*elle a* **ÉLEVÉ SON ESPRIT** au-dessus des fausses idées des hommes; qu'*elle a* **REGARDÉ** sans envie **CE** qui était au-dessus de sa fortune, comme *elle a* **VU** sans mépris **TOUT CE** qui paraissait au-dessous d'elle; qu'*elle a* **RECHERCHÉ LA VERTU** pour elle-même et non pour son éclat et pour ses récompenses; et qu'enfin *les honneurs* L'*ont* **TROUVÉE** sans qu'*elle ait* **EU LE SOIN** de les chercher.

XI.

Les *honneurs sont institués* pour récompenser le mérite, pour exercer la sagesse, et pour être des occasions de faire du bien : aussi ils n'appartiennent qu'à des *ames modérées*, justes, charitables, qui les possèdent sans orgueil, qui les retiennent sans intérêt. Mais l'*esprit* du monde en *a* **PERVERTI** le véritable **USAGE** ; on les brigue sans les mériter, on en abuse quand *on* **LES** *a* **OBTENUS** ; on n'en veut jouir que pour soi quand on les possède. L'ambition les acquiert par des voies même criminelles ; la vanité les regarde comme des préférences et des distinctions du reste des hommes ; et l'injustice fait qu'on en retient tout le fruit qui devrait se communiquer aux autres.

Notre illustre *duchesse a* ÉVITÉ CES ÉCUEILS. *Elle n'a* pas RECHERCHÉ LES HONNEURS, quoiqu'*elle* LES *ait* MÉRITÉS; et si *elle* ne *s'est* pas toujours *servie* de toute l'autorité qu'*elle aurait* PU PRENDRE, du moins *elle a* EMPLOYÉ tout son CRÉDIT pour assister tous ceux *qui ont* EU BESOIN de son secours.

XII.

Telle fut la reine dans tout le cours de sa vie: *Dieu* L'*avait* ÉLEVÉE sur le trône, afin qu'elle honorât sa religion; UNIE (sous-entendu *Dieu* L'*avait*) au plus grand roi du monde, afin que sa *vertu fût* plus *regardée*; ÉTABLIE (sous-entendu *Dieu* L'*avait*) dans un pays où la communication plus libre des rois avec leurs sujets fait qu'on perd moins de leurs bons exemples. Elle suivit sa vocation; et jamais *vie* ne *fut* plus pure, plus régulière, plus uniforme, plus *approuvée*. EST-IL ÉCHAPPÉ quelque indiscrétion à sa jeunesse? Sa beauté n'a-t-elle pas toujours été sous la garde de la plus scrupuleuse vertu? *A-t-elle* AIMÉ qu'on la louât contre la vérité, ou qu'on la divertît aux dépens de la charité chrétienne? A quelle espèce de ses devoirs publics ou particuliers, de religion ou domestiques, *a-t-elle* MANQUÉ? Quelle LIBERTÉ *s'est-elle* DONNÉE qui pût, je ne dis pas mériter une censure, mais souffrir une mauvaise interprétation?

XIII.

Tels et plus pernicieux encore, comme vous le verrez dans la suite, sont les effets naturels de cette nouvelle doctrine; mais de même qu'une *eau débor-*

dée ne fait pas partout les mêmes ravages, parceque sa rapidité ne trouve pas partout les mêmes penchants et les mêmes ouvertures : ainsi, quoique *cet esprit* d'indocilité et d'indépendance *soit* également *répandu* dans toutes les hérésies de ces derniers siècles, *il n'a* pas PRODUIT universellement LES MÊMES EFFETS ; *il a* REÇU DIVERSES LIMITES, suivant que la crainte ou les intérêts, ou l'humeur des particuliers et des nations, ou enfin la puissance divine, qui donne quand il lui plaît des bornes secrètes aux *passions* des hommes les plus *emportées*, L'*ont* différemment RETENU. Que s'*il* S'*est* MONTRÉ tout entier à l'Angleterre, et si *sa malignité* S'y *est* DÉCLARÉE sans réserve, *les rois* en *ont* SOUFFERT, mais aussi les rois en ont été cause ; *ils ont* trop FAIT SENTIR aux peuples que l'antique religion se pouvait changer ; *les sujets ont* CESSÉ d'en RÉVÉRER les maximes quand *ils* LES *ont* VUES CÉDER aux passions et aux intérêts de leurs princes. Ces *terres*, trop *remuées* et *devenues* incapables de consistance, *sont tombées* de toutes parts, et n'*ont* FAIT VOIR que d'effroyables précipices.

(*Ils* LES *ont* VUES CÉDER.)

Vues est au féminin et au pluriel, parcequ'il est précédé de son régime direct, le pronom *les*, qui remplace le substantif *maximes*.

On peut dire,

1° *Ils ont vu les maximes céder;*

2° *Ils ont vu les maximes cédant;*

3° *Les maximes cédaient, et ils les ont vues céder.*

XIV.

La nature, nous dit-on, n'est que l'habitude. Que signifie cela? N'y a-t-il pas des habitudes qu'on ne contracte que par force, et qui n'étouffent jamais la nature? Telle est, par exemple, l'habitude des plantes dont on gêne la direction verticale. La *plante mise en liberté* garde l'inclinaison QU'*on* L'*a* FORCÉE à PRENDRE; mais la *sève* n'a point CHANGÉ pour cela SA DIRECTION primitive, et si la plante continue à végéter, son prolongement devient vertical.

(*La plante mise en liberté garde l'inclinaison* QU'*on* L'*a* FORCÉE *à* PRENDRE.

Dans cette phrase, il y a deux verbes actifs de suite, le participe *forcée* et l'infinitif *prendre;* mais il y a aussi deux régimes directs : il faut donner à chaque verbe le régime qui lui convient.

Voici le sens de la phrase :

On a forcé la plante à prendre une inclinaison.

Donc le relatif QUE, qui se rapporte à *inclinaison*, est le régime de *prendre;* et le pronom L', qui remplace le substantif *plante*, est le régime de *forcée* : c'est pourquoi ce participe est au féminin et au singulier.

XV.

(*Rose et Némorin, parlant d'Estelle et de Méril.*)

Ils sont donc *unis?* demanda le berger d'un air sombre. Ils le sont, répondit Rose, et jamais *hymen ne fut accompli* sous de si tristes auspices. La malheureuse *Estelle*, pâle, les yeux rouges de larmes,

S'*est* **TRAÎNÉE** jusqu'à l'autel. En se mettant à genoux, *elle est tombée* sur la pierre. Lorsqu'il a fallu prononcer le serment, *ses sanglots*, *ses pleurs*, *ont* **ÉTOUFFÉ SA VOIX**; *ses yeux* **SE** *sont* **FERMÉS** à la lumière. Marguerite et moi, qui examinions tous ses mouvements, *nous* **NOUS** *sommes* **PRÉCIPITÉES** vers elle, *nous* **L'***avons* **SOUTENUE** sur notre sein. *Méril a* **VOULU** tout **SUSPENDRE**; mais *Estelle*, rassemblant ses forces, **S'***est* **RELEVÉE**, *a* **SAISI LA MAIN** de Méril, et, d'une voix ferme, *a* **PRONONCÉ** le terrible **MOT** qui l'engage à jamais.

XVI.

(*Madame de Sévigné à sa fille.*)

Il y aura demain un an que je ne **VOUS** *ai* **VUE**, que *je* ne **VOUS** *ai* **EMBRASSÉE**, que *je* ne **VOUS** *ai* **ENTENDUE** PARLER, et que je vous quittai à Charenton. Mon Dieu! que ce jour est présent à ma mémoire? et que je souhaite en retrouver un autre *qui soit marqué* par vous revoir, par vous embrasser, par m'attacher à vous pour jamais! Que ne puis-je ainsi finir ma vie avec la personne *qui* **L'***a* **OCCUPÉE** tout entière! etc.

(*Que je ne* **VOUS** *ai* **ENTENDUE** PARLER.)

Entendue est au féminin et au singulier, parcequ'il est précédé de son régime direct, le pronom *vous*, remplaçant la fille de madame de Sévigné. *Parler* est un verbe neutre : il faut donc que *vous* soit le régime de *entendue*.

Les trois règles que j'ai données page 87 sont applicables à cette phrase.

On peut dire :

1° *J'ai entendu vous, ma fille, parler.*
2° *J'ai entendu vous, ma fille, parlant.*
3° *Vous parliez, et je vous ai entendue.*

XVII.

(Madame de Maintenon à madame de Chanteloup.)

Me voilà, madame, bien *éloignée* de la *grandeur prédite !* Je me soumets à la Providence ; et que gagnerais-je à murmurer contre Dieu ? *Mes amis* m'*ont* CONSEILLÉ de m'adresser à M***, comme s'*ils avaient* OUBLIÉ LES RAISONS que j'ai de n'en rien espérer. Irai-je le regagner par mes soumissions, et briguer l'honneur d'être à ses gages ? *On* M'*a* ENVOYÉE à M. Colbert, mais sans fruit. *J'ai* FAIT PRÉSENTER deux placets au roi, où *l'abbé Testu a* MIS toute son ÉLOQUENCE : *ils* n'ont pas seulement *été lus.* Oh ! si j'étais dans la faveur, que je traiterais différemment les malheureux ! Qu'on doit peu compter sur les hommes ! Quand je n'avais besoin de rien, *j'aurais* OBTENU UN ÉVÊCHÉ ; quand j'ai besoin de tout, *tout* m'*est refusé. Madame de Chalais* m'*a* OFFERT SA PROTECTION, mais du bout des lèvres ; *madame de Lyonne* m'*a* DIT, Je verrai, je parlerai, du ton dont on dit le contraire. Tout *le monde* m'*a* OFFERT DES SERVICES, et *personne* ne m'EN *a* RENDU.

(Mes amis m'ont CONSEILLÉ *de m'adresser à M***.)*

Conseillé est invariable dans cette phrase, parceque le régime direct est après le participe : *mes amis ont conseillé à moi* CELA, *de m'adresser à M***.*

(*On* M'*a* **ENVOYÉE** *à M. Colbert.*)

Ici *envoyée* est au féminin, parcequ'il est précédé de son régime direct, le pronom M', qui remplace *madame de Maintenon : on a envoyé moi à M. Colbert.*

(*Tout le monde m'a offert des services et personne ne m'*EN *a* **RENDU.**)

Rendu est invariable dans cette phrase, parceque le régime de ce participe est sous-entendu : le pronom *en*, qui se rapporte à *services*, et qui précède le participe *rendu*, n'est point le régime de ce participe. Voici le sens de la phrase :

*Tout le monde m'a offert des services, et personne ne m'*EN *a* RENDU UN SEUL. (*Voyez* V[e] *remarque, page* 108 *et suivantes.*)

XVIII.

Les Tyriens, par leur fierté, *avaient* **IRRITÉ** contre eux **LE ROI SÉSOSTRIS**, qui régnait en Égypte, et *qui avait* **CONQUIS TANT DE ROYAUMES.** *Les richesses* **QU'***ils ont* **ACQUISES** par le commerce, et *la force* de l'imprenable *ville* de Tyr, *située* dans la mer, *avaient* **ENFLÉ LE COEUR** de ces peuples : *ils avaient* **REFUSÉ DE PAYER** à Sésostris le tribut **QU'***il* leur *avait* **IMPOSÉ** en revenant de ses conquêtes ; et *ils avaient* **FOURNI DES TROUPES** à son frère, *qui avait* **VOULU LE MASSACRER** à son retour, au milieu des réjouissances d'un grand festin.

XIX.

Rome était faite pour s'agrandir, et ses lois étaient admirables pour cela : aussi, dans quelque gouvernement qu'elle ait été, sous le pouvoir des rois, dans l'aristocratie, ou dans l'état populaire, *elle* n'a jamais CESSÉ DE FAIRE des entreprises qui demandaient de la conduite, et y *a* RÉUSSI. *Elle* ne *s'est* pas *trouvée* plus sage que tous les autres états de la terre en un jour, mais continuellement; *elle a* SOUTENU une petite, une médiocre, une grande FORTUNE, avec la même supériorité, et n'*a* point EU DE PROSPÉRITÉS dont *elle* n'*ait* PROFITÉ, ni de malheurs dont *elle* ne se *soit servie.*

XX.

Les empires ne peuvent se soutenir que par l'équité des mêmes lois *qui* LES *ont* FORMÉS ; et *l'injustice* a bien PU DETRÔNER des souverains, mais *elle* n'a jamais AFFERMI LES TRÔNES. *Les ministres qui ont* OUTRÉ LA PUISSANCE des rois L'*ont* toujours AFFAIBLIE; *ils* n'*ont* ÉLEVÉ LEURS MAITRES que sur la ruine de leurs états; et leur zèle n'a été utile aux césars qu'autant qu'*il a* RESPECTÉ LES LOIS de l'empire.

XXI.

(*Camille à Numa et à Léo.*)

Les dieux m'ont été favorables : ils M'*ont* PRÉSERVÉE d'un hymen que je redoutais plus que la mort. *J'avais* pourtant OBÉI à mon père ; *je* L'*avais* SAUVÉ d'une guerre qu'*il n'aurait* PU SOUTE-

NIR. Le *roi* des Maruces S'*était* RETIRÉ dans ses états; *j'étais partie* avec les ambassadeurs de Télémante, sur un vaisseau salentin QUE m'*avait* ENVOYÉ *ce prince*. Je ne te dirai point, mon cher Léo, quelles pensées m'occupaient : nos cœurs s'entendent trop bien pour avoir besoin de s'instruire de tout ce Qu'*ils ont* SOUFFERT.

XXII.

Pierre-le-Grand fut regretté en Russie de tous ceux QU'*il avait* FORMÉS; et la génération qui suivit celle des partisans des anciennes mœurs le regarda bientôt comme son père. Quand *les étrangers ont* VU que tous ses établissements étaient durables, *ils ont* EU pour lui UNE ADMIRATION constante, et *ils ont* AVOUÉ qu'*il avait été inspiré* plutôt par une sagesse extraordinaire que par l'envie de faire des *choses étonnantes*. L'*Europe a* RECONNU qu'*il avait* AIMÉ LA GLOIRE, mais qu'*il* L'*avait* MISE à faire du bien; que *ses défauts* n'*avaient* jamais AFFAIBLI SES GRANDES QUALITÉS; qu'en lui l'homme eut ses taches, et que le monarque fut toujours grand. *Il a* FORCÉ LA NATURE en tout: dans ses sujets, dans lui-même, et sur la terre et sur les eaux; mais *il* L'*a* FORCÉE pour l'embellir. *Les arts*, QU'*il a* TRANSPLANTÉS de ses mains dans des pays dont plusieurs alors étaient sauvages, *ont*, en fructifiant, RENDU TÉMOIGNAGE à son génie et ÉTERNISÉ SA MÉMOIRE; ils paraissent aujourd'hui originaires des pays mêmes où *il* LES *a* PORTÉS. Lois, police, politique, discipline militaire, marine, commerce, manufactures, sciences, beaux-arts, *tout s'est perfectionné* selon ses vues; et, par une singularité dont il n'est point d'exemple, ce sont quatre *femmes montées* après lui successivement sur le trône, *qui ont* MAINTENU TOUT CE qu'*il* acheva, et *ont* PERFECTIONNÉ TOUT CE qu'il entreprit.

XXIII.

Télémaque, secrètement *animé* par Minerve, entre sans crainte dans ce gouffre. D'abord il aperçut un grand nombre d'hommes *qui avaient* VÉCU dans les plus basses conditions, *et qui étaient punis* pour *avoir* CHERCHÉ LES RICHESSES par des fraudes, des trahisons, et des cruautés. Il y remarqua beaucoup d'impies hypocrites, *qui*, faisant semblant d'aimer la religion, s'en *étaient servis* comme d'un beau prétexte pour contenter leur ambition, et pour se jouer des hommes crédules : *ces hommes*, *qui avaient* ABUSÉ de la vertu même, quoiqu'elle soit le plus grand don des dieux, *étaient punis* comme les plus scélérats de tous les hommes. Les enfants *qui avaient* ÉGORGÉ LEURS PÈRES et LEURS MÈRES, les épouses *qui avaient* TREMPÉ LEURS MAINS dans le sang de leurs époux, les traîtres *qui avaient* LIVRÉ LEUR PATRIE après *avoir* VIOLÉ TOUS LES SERMENTS, souffraient des peines moins cruelles que ces hypocrites. *Les trois juges* des enfers L'*avaient* ainsi VOULU; et voici leur raison : c'est que les hypocrites ne se contentent pas d'être méchants comme le reste des impies; ils veulent encore passer pour bons, et font, par leur fausse vertu, que les hommes n'osent plus se fier à la véritable. Les dieux, dont *ils se sont joués*, et QU'*ils ont* RENDUS *méprisables* aux hommes, prennent plaisir à employer toute leur puissance pour se venger de leur insulte.

(*Les trois juges des enfers* L'*avaient ainsi* VOULU.)

Dans cette phrase, *voulu* s'accorde en genre et en nombre avec son régime direct, le pronom L', ou LE, qui précède ce participe.

Les trois juges avaient voulu quoi? — Réponse, CELA, *que les enfants qui avaient égorgé leurs pères et leurs mères, que les épouses qui avaient trempé leurs mains dans le sang de leurs époux, que les traîtres qui avaient livré leur patrie, après avoir violé tous les serments, souffrissent des peines moins cruelles que ces hypocrites :* voilà ce que remplace le pronom L'; c'est pourquoi *voulu* est au masculin et au singulier.

XXIV.

Le quatrième siècle est celui qu'on nomme le siècle de Louis XIV; et c'est peut-être celui des quatre qui approche le plus de la perfection. *Enrichi* des découvertes des trois autres, il *a* plus FAIT en certains genres que les trois ensemble. Tous *les arts*, à la vérité, n'ont point *été poussés* plus loin que sous les Médicis, sous les Auguste et les Alexandre; mais la *raison humaine* en général *s'est perfectionnée*. La saine *philosophie* n'*a été connue* que dans ce temps; et il est vrai de dire, qu'à commencer depuis les dernières années du cardinal de Richelieu jusqu'à celles *qui ont* SUIVI LA MORT de Louis XIV, *il s'est fait* dans nos arts, dans nos esprits, dans nos mœurs, comme dans notre gouvernement, une révolution générale qui doit servir de marque éternelle à la véritable gloire de notre patrie. Cette heureuse *influence* ne S'*est* pas même ARRÊTÉE en France, *elle* S'*est* ÉTENDUE en Angleterre ; *elle a* EXCITÉ L'ÉMULATION dont avait alors besoin cette nation spirituelle et hardie ; *elle a* PORTÉ LE GOÛT en Allemagne, LES SCIENCES en Russie ; *elle a* même RANIMÉ L'ITALIE, qui languissait ; et *l'Europe a* DÛ SA POLITESSE et L'ESPRIT de société à la cour de Louis XIV.

XXV.

☞ Il ne reste plus présentement qu'à lui dire (au public) quels sont les ouvrages dont *j'ai* AUGMENTÉ CE VOLUME. Le plus considérable est une onzième satire QUE *j'ai* tout récemment COMPOSÉE, et qu'on trouvera à la suite des dix précédentes. *Elle est adressée* à M. de Valincourt, mon illustre associé à l'histoire. J'y traite du vrai et du faux honneur ; et *je* L'*ai* COMPOSÉE avec le même soin que tous mes autres écrits. Je ne saurais pourtant dire si elle est bonne ou mauvaise ; car *je* ne L'*ai* encore COMMUNIQUÉE qu'à deux ou trois de mes plus intimes amis, à qui même *je* n'*ai* FAIT que la réciter fort vite, dans la peur qu'il ne lui arrivât *ce qui est arrivé* à quelques autres de mes pièces, QUE *j'ai* VUES DEVENIR publiques avant même que *je* LES *eusse* MISES sur le papier, plusieurs personnes à qui *je* LES *avais* DITES plus d'une fois LES *ayant* RETENUES par cœur, et en *ayant* DONNÉ DES COPIES. C'est donc au public à m'apprendre ce que je dois penser de cet ouvrage, ainsi que de plusieurs autres petites pièces de poésie qu'on trouvera dans cette nouvelle édition, et QU'*on* y *a* MÊLÉES parmi les épigrammes qui y étaient déjà. Ce sont toutes bagatelles QUE *j'ai* la plupart COMPOSÉES dans ma première jeunesse, mais QUE *j'ai* un peu RAJUSTÉES, pour les rendre plus supportables au lecteur.

XXVI.

Les accusateurs de Manlius lui reprochèrent ses discours séditieux, les changements QU'il *avait* PROPOSÉ de FAIRE dans le gouvernement, ses *largesses intéressées* pour soulever la multitude, et la fausse accusation dont *il avait* OFFENSÉ tout le CORPS du sénat. Manlius, sans entrer dans la discussion de ces différents chefs, n'y répondit que par le récit de ses services, et des témoignages QU'*il* en *avait* REÇUS de ses généraux : il représenta des bracelets, des javelots, deux couronnes d'or, pour *être entré* le premier dans une ville ennemie par la brèche ; huit couronnes civiques, pour *avoir* SAUVÉ LA VIE dans des batailles à autant de citoyens, et trente dépouilles d'ennemis QU'*il avait* TUÉS de sa main en combats singuliers. Il se découvrit en même temps la poitrine qu'il fit voir toute couverte des cicatrices QUE lui *avaient* LAISSÉES *les blessures* QU'*il avait* REÇUES dans ces combats : enfin il appela Jupiter et les autres dieux à son secours ; et, se tournant vers l'assemblée, il conjura le peuple de jeter les yeux sur le Capitole avant que de le condamner.

(*Les changements* QU'*il avait* PROPOSÉ de FAIRE *dans le gouvernement.*)

Proposé est invariable, parceque le relatif *que*, pronom qui se rapporte à *changements*, n'est pas le régime de ce participe ; c'est le régime de l'infinitif *faire*.

Le sens de la phrase n'est pas,

Il avait proposé des changements de faire dans le gouvernement;

c'est,

Il avait proposé de faire des changements dans le gouvernement;

(*Toute couverte des cicatrices* QUE *lui avaient* LAISSÉES *les blessures* QU'*il avait* REÇUES.)

Laissées est au féminin et au pluriel, parcequ'il est précédé de son régime direct, le relatif *que*, pronom qui se rapporte à *blessures*, substantif féminin pluriel.

XXVII.

Autant *l'homme* S'*est* ÉLEVÉ au-dessus de l'état de nature, autant *les animaux* SE *sont* ABAISSÉS au-dessous : *soumis*, *réduits en servitude*, ou *traités* comme rebelles et *dispersés* par la force, leurs *sociétés* SE *sont* ÉVANOUIES, leur *industrie est devenue stérile*, leurs faibles *arts ont* DISPARU ; chaque *espèce a* PERDU ses QUALITÉS générales, et *tous* n'*ont* CONSERVÉ que leurs PROPRIÉTÉS individuelles, *perfectionnées* dans les uns par l'exemple, l'imitation, l'éducation, et dans les autres par la crainte et par la nécessité où ils sont de veiller continuellement à leur sûreté.

XXVIII.

Quels sentiments de patriotisme ne devrait-on pas en effet attendre d'un peuple qui peut se dire à lui-même : Cette terre que j'habite, c'est moi *qui* L'*ai* RENDUE féconde ; c'est moi *qui* L'*ai* EMBELLIE ; c'est moi *qui* L'*ai* CRÉÉE. Cette mer menaçante, qui couvrait nos campagnes, se brise contre les digues puissantes QUE *j'ai* OPPOSÉES à sa fureur. *J'ai* PURIFIÉ CET AIR que des eaux croupissantes remplissaient de vapeurs mortelles. C'est par moi que des villes superbes pressent la vase et le limon où flottait l'océan. Les ports QUE *j'ai* CONSTRUITS, les canaux QUE *j'ai* CREUSÉS, reçoivent toutes les productions de l'univers que je dispense à mon gré.

XXIX.

Mais QU'*avez-vous* FAIT pour notre conservation ? Quelles MESURES *avez-vous* PRISES pour éloigner de nous le fléau qui nous menaçait ? *Privés* de toute autorité, *dépouillés* de nos biens, *accablés* sous un pouvoir terrible, *nous* n'*avons* PU que lever les mains vers vous, pour implorer votre assistance. *Vous avez* ENTENDU nos GÉMISSEMENTS, *vous avez* VU LA FAMINE s'avancer à grands pas : alors, *vous* VOUS *êtes* ÉVEILLÉS ; *vous avez* MOISSONNÉ LE PEU de *subsistances échappées* à la stérilité ; *vous* en *avez* REMPLI vos MAGASINS ; *vous* LES *avez* DISTRIBUÉES à vos soldats.

XXX.

Je voudrais que ceux qui écrivent, poètes, orateurs, philosophes, auteurs en tout genre, se demandassent du moins à eux-mêmes : Les pensées

QUE *j'ai* PROPOSÉES, les sentiments QUE *j'ai* VOULU INSPIRER, cette conviction, cette lumière, cette évidence de la vérité, ces passions QUE *j'ai* TACHÉ de FAIRE NAITRE, étaient-elles dans mon propre esprit ?

XXXI.

Je rentre dans mon cabinet, je me mets à mon secrétaire. La *lettre commencée* pour Sophie est devant moi; je *la* vois encore *mouillée* de larmes..... Hélas! ces pleurs, c'est la marquise *qui* LES *a* VERSÉS ! Quels DISCOURS *elle a* ENTENDUS ! Quelle LETTRE *elle a* LUE !... Pauvre vicomte de Florville, que de CHAGRINS mon *père* et *moi nous t'avons* DONNÉS !

XXXII.

Dans un bois de lauriers odoriférants, où l'Éridan forme divers canaux avant de couler sur la terre, sont les guerriers *qui ont* PRODIGUÉ leur SANG pour la défense de leur patrie; les *prêtres dévoués* au culte des dieux pendant leur vie; les poètes religieux *qui ont* CHANTÉ des VERS dignes d'Apollon; ceux *qui ont* CONTRIBUÉ au bonheur de la société par l'invention des arts; enfin tous ceux *qui*, par leurs bienfaits, *ont* MÉRITÉ DE VIVRE dans la mémoire des hommes.

XXXIII.

Mais c'est surtout en fait de poésie que les *commentateurs* et les *critiques ont* PRODIGUÉ leurs LEÇONS. *Ils ont* laborieusement ÉCRIT des VOLUMES sur quelques lignes QUE l'*imagination* des poètes *a* CRÉÉES en se jouant. Ce sont des tyrans *qui ont* VOULU ASSERVIR à leurs lois une nation libre, dont ils ne connaissent point le caractère: aussi *ils* n'*ont* FAIT souvent qu'embrouiller tout dans les états QU'*ils ont* VOULU RÉGLER.

XXXIV.

Deux factions, dans lesquelles toutes les *autres* S'*étaient* FONDUES, divisaient l'état. *Celle* des chapeaux semblait *occupée* du projet de rendre à la Suède ses anciennes forces, en recouvrant les riches possessions que le *malheur* des guerres en *avait* SÉPARÉES : elle S'*était* LIVRÉE à la France, qui pouvait avoir quelque intérêt à favoriser cette ambition. La *faction* des bonnets *était déclarée* pour la tranquillité ; sa *modération* L'*avait* RENDUE agréable à la Russie, *qui* ne voulait point *être traversée* dans ses entreprises. Les deux *cours*, principalement celle de Versailles, *avaient* OUVERT leurs TRÉSORS à ces vils factieux. Leurs chefs s'appliquaient à eux-mêmes la meilleure partie de ces profusions aveugles.

XXXV.

Nous avons PORTÉ nous-mêmes le CHÂTIMENT des vices QUE *nous avons* SEMÉS dans l'autre hémisphère. *Nous* L'*avons* PORTÉ chez nous et chez les peuples du Nouveau-Monde QUE *nous avons* SUBJUGUÉS : chez nous par la multitude de besoins factices QUE *nous* nous *sommes* FAITS ; chez eux, en cent manières diverses, entre lesquelles on peut compter l'usage des liqueurs fortes QUE *nous* leur *avons* APPRIS à CONNAITRE, et *qui* souvent leur a

INSPIRÉ une fureur artificielle QU'*ils ont* TOURNÉE contre nous.

XXXVI.

Rien ne serait plus inutile que de faire la biographie d'une femme *qui*, de son vivant, *a* elle-même LIVRÉ ses MÉMOIRES au public. Que dirait-on QU'*elle* n'*ait* VOULU RÉVÉLER OU TAIRE? *Rien* ne *serait* plus *hasardé* que de juger en quelques lignes une femme auteur *qui*, *ayant* VÉCU quatre-vingt-cinq ans, *a* LAISSÉ plus de volumes encore qu'*elle* n'*a* COMPTÉ D'ANNÉES, et *qui*, par les diverses positions QU'*elle a* OCCUPÉES, S'*est* TROUVÉE *mêlée* à la plupart des événements *qui ont* BOULEVERSÉ la France, ou *liée* aux divers personnages *qui* L'*ont* DOMINÉE depuis quarante ans.

XXXVII.

S'il est sage de se taire sur les causes obscures des événements, c'est le temps de parler sur le caractère des acteurs. On sait ce qu'ils étaient dans l'enfance, dans la jeunesse...; ce QU'*ils ont* ÉPROUVÉ de la faveur et de la disgrace, les moyens QU'*ils ont* EMPLOYÉS pour arriver aux grandes places, et pour s'y maintenir; la conduite QU'*ils ont* TENUE avec leurs protecteurs et leurs protégés; les projets QU'*ils ont* CONÇUS, la manière dont *ils* LES *ont* CONDUITS; le choix des hommes QU'*ils ont* APPELÉS; les obstacles *qui* LES *ont* CROISÉS; comment *ils* LES *ont* SURMONTÉS; en un mot, les succès QU'*ils ont* EUS; la récompense QU'*ils ont* OBTENUE, lorsqu'*ils ont* RÉUSSI; le châtiment, quand *ils ont* ÉCHOUÉ ; l'éloge ou le blâme de la nation ; comment *ils ont* ACHEVÉ leur CARRIÈRE, et la réputation QU'*ils ont* LAISSÉE après leur mort.

XXXVIII.

Un *plébéien chargé* de fers vint se jeter dans la place publique comme dans un asile. Ses *habits étaient mouillés ; il était* pâle et *défiguré ;* une grande barbe et des *cheveux négligés* et en désordre rendaient son visage affreux. On ne laissa pas de le reconnaître, et quelques personnes se souvinrent de L'*avoir* VU dans les armées commander et combattre avec beaucoup de valeur. Il montrait lui-même les cicatrices des blessures QU'*il avait* REÇUES en différentes occasions ; il nommait les consuls et les tribuns sous lesquels *il avait* SERVI ; et, adressant la parole à une multitude de gens qui l'environnaient et qui lui demandaient la cause de l'état déplorable où il *était réduit*, il leur dit, que pendant qu'il portaſt les armes dans la dernière guerre QU'*on avait* FAITE contre les Sabins, non seulement *il* n'*avait* PU CULTIVER son petit héritage, mais que les *ennemis* mêmes, dans une course, après *avoir* PILLÉ SA MAISON, y *avaient* MIS LE FEU ; que les *besoins* de la vie et *les tributs* QU'*on* L'*avait* OBLIGÉ de PAYER malgré cette disgrace, L'*avaient* FORCÉ de faire des dettes; que les *intérêts* s'*étant* insensiblement *accumulés*, *il* S'*était* VU réduit à la triste nécessité de céder son héritage pour en acquitter une partie; mais que le *créancier* impitoyable n'*étant* pas encore entièrement *payé*, L'*avait* FAIT TRAÎNER en prison avec deux de ses enfants ; que pour l'obliger à accélérer le paiement de *ce qui* restait *dû*, *il* L'*avait* LIVRÉ à ses esclaves, *qui*, par son ordre, lui *avaient* DÉCHIRÉ LE CORPS : en même temps il se découvrit et montra son dos encore tout sanglant des coups de fouet QU'*il avait* REÇUS.

XXXIX.

(Un plébéien à des envoyés du sénat.)

Cependant, pour venger vos propres injures, *nous avons* CHASSÉ CE PRINCE de Rome, *nous avons* PRIS LES ARMES contre un souverain qui ne se défendait que par les prières qu'il nous faisait de nous séparer de vos intérêts, et de rentrer sous sa domination. *Nous avons* depuis TAILLÉ en pièces les ARMÉES des Véiens et de Tarquinie, qui voulaient le rétablir sur le trône. La puissance formidable de Porsenna, la famine QU'*il a* FALLU ENDURER pendant un long siége, des assauts, des combats continuels, rien enfin *a-t-il* PU ÉBRANLER la foi QUE *nous* vous *avions* DONNÉE? Trente villes des Latins s'unissent pour rétablir les Tarquins : QU'*auriez-vous* FAIT alors, si *nous* VOUS *avions* ABANDONNÉS, et si *nous* NOUS *étions* JOINTS à vos ennemis? Quelles RÉCOMPENSES n'*aurions-nous* pas OBTENUES de Tarquin, pendant que le sénat et les nobles auraient été les victimes de son ressentiment? Qui est-ce *qui a* DISSIPÉ CETTE LIGUE si redoutable? A qui êtes-vous redevables de la défaite des Latins? N'est-ce pas à ce même peuple, l'auteur d'une puissance QUE *vous avez* depuis TOURNÉE contre lui? Car quelle RÉCOMPENSE *avons-nous* TIRÉE du secours si utile de nos armes? *La condi-*

tion du peuple romain en *est-elle devenue* plus heureuse? L'*avez-vous* ASSOCIÉ à vos charges et à vos dignités ? Nos pauvres *citoyens ont-ils* seulement TROUVÉ QUELQUE SOULAGEMENT dans leur misère ? N'*a-t-on* pas VU, au contraire, nos plus braves SOLDATS, *accablés* sous le poids des usures, gémir dans les fers d'impitoyables créanciers? Que *sont devenues* tant de vaines *promesses* d'abolir à la paix toutes les dettes QUE *la dureté* des grands leur *avait* FAIT CONTRACTER? A peine *la guerre a-t-elle été finie*, que *vous avez* également OUBLIÉ NOS SERVICES et VOS SERMENTS.

XL.

Exemples de participes sur toutes les règles précédentes.

1. Le raisin, plus *éclatant* que la pourpre, ne pouvait se cacher sous les feuilles, et la vigne était *accablée* sous son fruit.

2. Enfin la guerre de Troie fut aussi *chantée*; les combats d'Ulysse et sa sagesse furent *élevés* jusqu'aux cieux.

3. Nous entrons dans la ville les mains *liées* derrière le dos ; et notre mort n'était *retardée* que pour nous faire servir de spectacle à un peuple cruel.

4. Ces barbares, qui espéraient de prendre la ville, furent eux-mêmes *surpris* et *déconcertés*.

5. Rien de si théâtral que la situation de cette princesse au moment qu'elle embrasse l'urne où elle croit que sont *déposées* les dépouilles d'Oreste son frère.

6. Il est *tombé* lui-même au pied des murs de cette ville, et elle a *triomphé* du vainqueur d'Hector.

7. Je vous rapporte ces paroles, parcequ'on a *eu* soin de me les répéter souvent, et qu'elles ont *pénétré* jusqu'au fond de mon cœur.

8. Aceste fut *étonné* de ces paroles, que Mentor lui disait avec une assurance qu'il n'avait jamais *trouvée* en aucun homme.

9. Mentor m'a *dit* depuis qu'on l'avait *vendu* à des Éthiopiens, et qu'il les avait *suivis* en Éthiopie.

10. Comment espérez-vous qu'elle vous laisse maintenant sortir de son île, vous qui l'avez *enchantée* par le récit de vos aventures?

11. Tu vois, ô mon cher Philoctète, les maux que les dieux me font souffrir : ils sont justes; c'est moi qui les ai *offensés*.

12. Ils leur firent embrasser le christianisme quand, à force de les rendre heureux, ils les avaient *rendus* dociles.

13. Le mal ne se fit pas sentir dans les premiers temps, quoique des écrivains célèbres l'aient *avancé* avec confiance.

14. Je considère les périls extrêmes et continuels qu'a *courus* cette princesse durant l'espace de dix ans.

15. Enfin, ma fille, mandez-moi ce qui vous a *empêchée* de m'écrire.

16. Voilà ce que j'ai *tâché* de faire par l'avis de quel-

ques gens *éclairés* que j'ai *choisis* pour guides parmi les connaissances que m'a *données* mylord Édouard.

17. On ne voudra jamais croire à la rapidité avec laquelle les événements se sont *succédé*.

18. Votre sœur et la mienne se sont *rencontrées* ce matin ; elle se sont *parlé* fort long-temps.

19. Elle s'était *imaginé* que la pitié, qui n'est jamais sans tendresse, la faisait agir toute seule.

20. C'est ordinairement la peine que s'est *donnée* un auteur à perfectionner ses écrits qui fait que le lecteur n'a point de peine en les *lisant*.

21. Le long des côtes, la nature a *creusé* des baies autour desquelles se sont *élevées* des villes que l'art a *fortifiées*, et que le commerce a *rendues* florissantes.

22. Je ne sais pas d'où peuvent venir les erreurs qu'il y a *eu* dans nos comptes de cette année.

23. Ils ont toujours *renoncé* à leurs usages sitôt qu'ils en ont *trouvé* de meilleurs.

24. Une mère disait à son fils : Voilà, mon ami, le sujet de tant de démarches que j'ai *faites*, et de tant de larmes que tu m'as *vue* verser.

25. Elle ne se plaint que du peu d'amitié que vous lui avez toujours *témoigné*.

26. Cette dernière campagne n'a rien *décidé*. Ils ont *perdu* des batailles, ils en ont *gagné*. Ils ont *ravagé* les terres des Locriens, et les leurs ont été *dévastées*.

27. La tristesse acheva d'ôter à ma mère le peu de forces que son mal lui avait *laissées*.

28. J'attends une réponse que j'ai *envoyé* demander.

29. On n'ignore pas les mouvements qu'il s'est *donnés* pour soulever le peuple.

30. Votre mère, ni la crainte de faire des ingrats ni le déplaisir d'en avoir *trouvé*, ne l'ont jamais *empêchée* de faire du bien.

31. Oui, ma fille, la lettre que vous m'avez *adressée* est pleine de fautes que vous auriez *pu* corriger si vous l'aviez *voulu*.

32. Les jeunes gens que j'ai *entendu* interroger ce matin paraissent avoir bien *profité* des leçons qu'on leur a *données*.

33. Telle est la tâche effrayante que nous nous sommes *proposé* de remplir.

34. Dès le premier moment que ces personnes se sont *vues*, elles se sont *plu*.

35. Je vous envoie la lettre que j'ai *reçue* ce matin : vous y verrez des choses que vous n'auriez jamais *voulu* croire.

36. Vous vous êtes *trompée*, madame : je n'ai pas *tenu* la conduite que vous avez *assuré* que je tiendrais.

37. La peine que nous avons *vu* cette femme se donner pour élever sa fille prouve combien elle tenait à la conserver.

38. Mon fils, votre maître est bien mécontent du

peu d'application que vous avez *apporté* à vos devoirs dans le cours de cette année.

39. Que manquait-il à mon bonheur, sinon d'en savoir jouir avec modération ? Mais mon orgueil, et la flatterie que j'ai *écoutée*, ont *renversé* mon trône.

40. Les Grecs avaient *imité* les manufactures de l'Asie ; et ils s'étaient *approprié* les richesses de l'Inde par différentes voies.

41. Nous nous sommes *partagé*, ma femme et moi, les soins de l'administration.

42. Nous vendons cher les biens qui nous ont peu *coûté*.

FIN.

TABLE

Contenant la Récapitulation des Règles et Observations sur ces mêmes Règles.

FIN DE LA TABLE.

PARIS. — IMPRIMERIE DE CASIMIR,
rue de la Vieille-Monnaie, n° 12.

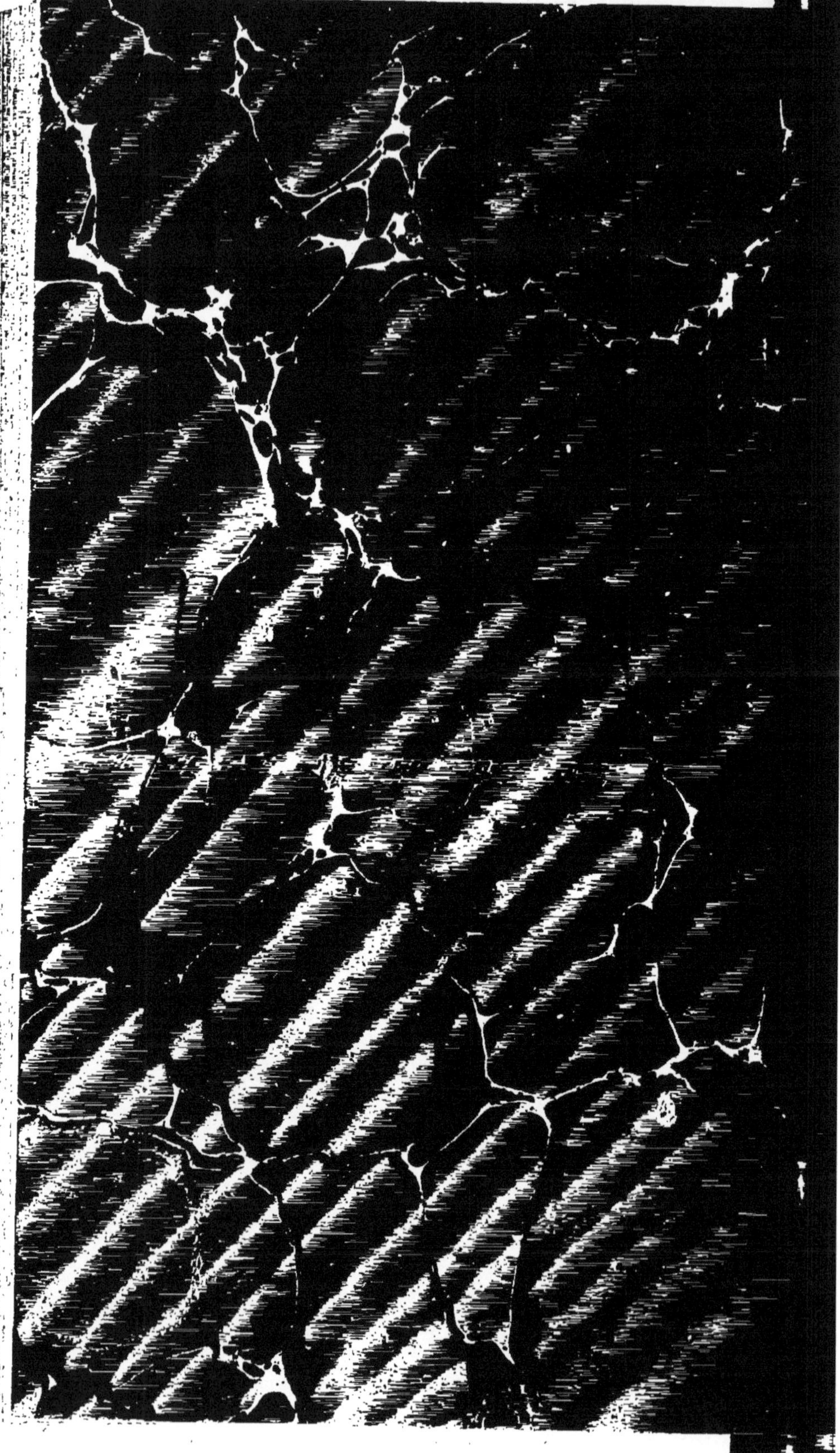

www.ingramcontent.com/pod-product-compliance
Ingram Content Group UK Ltd.
Pitfield, Milton Keynes, MK11 3LW, UK
UKHW021121220726
13924UKWH00004B/1849